D0520635

El Peregrino

Biblioteca

Paulo
Coelho

El Peregrino

grijalbo

EL PEREGRINO (DIARIO DE UN MAGO)

Título original en portugués: *O Diário de um Mago*

Traducción: Cristina Hernández Escobar
                 de la edición de
                 Editora Rocco Ltda.,
                 Río de Janeiro, 1995

© 1988, Paulo Coelho

http://www.paulocoelho.br

D.R. © 2003, por EDITORIAL GRIJALBO, S.A. de C.V.
          (Grijalbo Mondadori)
          Av. Homero núm. 544,
          Col. Chapultepec Morales, C.P. 11570
          Miguel Hidalgo, México, D.F.

www.randomhousemondadori.com.mx

Este libro no puede ser reproducido,
total o parcialmente,
sin autorización escrita del editor.

ISBN 970-05-1567-2

El Peregrino, de Paulo Coelho,
se terminó de imprimir en mayo de 2003 en
Printer Colombiana, S.A.
Calle 64 núm. 88 A-30
Bogotá, D.C., Colombia

Entonces le dijeron: "Señor, tenéis aquí dos espadas". Y Él respondió: "Basta".

LUCAS, 22, 38

Cuando comenzamos la peregrinación, me pareció que había realizado uno de los mayores sueños de mi juventud. Usted era para mí el brujo Don Juan y yo revivía la saga de Castaneda en busca de lo extraordinario.

Pero resistió valientemente todos mis intentos de transformarlo en héroe. Esto dificultó mucho nuestro trato, hasta que entendí que lo extraordinario reside en el Camino de las Personas Comunes. Hoy en día, comprender esto es lo más valioso que poseo en mi vida, me permite hacer cualquier cosa y me acompañará por siempre.

Por ese conocimiento —que ahora deseo compartir con otros— este libro va dedicado a usted, Petrus.

EL AUTOR

Índice

Prólogo

—¡Y que, ante la Sagrada Faz de RAM, toques con tus manos la Palabra de Vida y recibas tanta fuerza, que te conviertas en su testigo hasta los confines de la Tierra!

El Maestre levantó en alto mi nueva espada, manteniéndola dentro de la vaina. Las llamas de la hoguera crepitaron, un presagio favorable, indicando que el ritual debía continuar. Entonces me incliné y, con las manos desnudas, comencé a escarbar la tierra delante de mí.

Era la noche del día 2 de enero de 1986 y nos encontrábamos en lo alto de una de las montañas de la Serra do Mar, cerca de la formación conocida como Agulhas Negras. Además de mi Maestre y yo, estaban mi mujer, un discípulo mío, un guía local y un representante de la gran fraternidad que congregaba las órdenes esotéricas de todo el mundo, y que era conocida con el nombre de Tradición. Los cinco —incluyendo al guía, a quien ya se le había advertido lo que sucedería— participaban de mi ordenación como Maestre de la Orden de RAM.

Terminé de escarbar en el suelo un hueco poco profundo, pero largo. Con toda solemnidad toqué la tierra pronunciando las palabras rituales. Entonces, mi mujer se acercó y me entregó la espada que yo había utilizado durante más de diez años y que tanto me había ayudado en centenares de Obras Extraordinarias en aquel tiempo. Deposité la espada en el hueco. Luego, le eché la tierra encima y aplané de nuevo el terreno. Mientras lo hacía, recordaba las pruebas por las que había pasado, las cosas que había conocido y los fenómenos que era capaz de provocar, simplemente porque tenía conmigo aquella espada tan antigua y tan amiga mía. Ahora sería devorada por la tierra: el hierro de su hoja y la madera de su empuñadura servirían nuevamente de alimento al lugar de donde había extraído tanto Poder.

El Maestre se aproximó y colocó mi nueva espada ante mí, sobre el sitio en que había enterrado la antigua. Entonces todos abrieron los brazos y el Maestre, utilizando su poder, hizo que en torno nuestro se formara una luz extraña, que no iluminaba, pero que era visible y reflejaba en los cuerpos de las personas un color diferente del amarillo proyectado por la hoguera. Entonces, desenvainando su propia espada, tocó mis hombros y mi cabeza mientras decía:

—Por el Poder y por el Amor de RAM, yo te nombro Maestre y Caballero de la Orden, hoy y por el resto de los días de tu vida. R de Rigor, A de Amor, M de Misericordia; R de *Regnum*, A de *Agnus*, M de *Mundi*.

Cuando toques tu espada, que jamás permanezca durante mucho tiempo en la vaina porque se oxidará; pero, cuando salga de la vaina, que jamás vuelva a ella sin antes haber hecho un Bien, abierto un Camino o bebido la sangre de un Enemigo.

Y con la punta de su espada hirió levemente mi cabeza. A partir de ese momento ya no era necesario permanecer en silencio; no necesitaba esconder aquello de lo que era capaz ni ocultar los prodigios que había aprendido a realizar en el camino de la Tradición. A partir de ese momento yo era un Mago.

Extendí la mano para tomar mi nueva espada, de acero indestructible y de madera que la tierra no consume, con su empuñadura negra y roja y su vaina negra. Empero, en el momento en que mis manos tocaron la vaina y que me disponía a traerla hacia mí, el Maestre dio un paso al frente y con absoluta violencia pisó mis dedos, haciéndome gritar de dolor y soltar la espada.

Lo miré sin entender nada. La luz extraña había desaparecido y el rostro del Maestre esta vez tenía la apariencia fantasmagórica que las llamas de la hoguera le daban.

Me miró fríamente, llamó a mi mujer y le entregó la nueva espada. Después se volvió hacia mí y dijo:

—¡Aleja la mano que te engaña! ¡Porque el camino de la Tradición no es el de unos pocos elegidos, sino el camino de todos los hombres, y el Poder que crees tener no vale nada, porque no es un Poder que se comparta con el resto de los hombres! Deberías haber rechazado la espada; si así lo hubieras hecho te habría sido entregada, porque tu corazón estaba puro. Pero, como lo temía, en el momento sublime resbalaste y caíste, y, por culpa de tu avidez, deberás caminar nuevamente en busca de tu espada; y por culpa de tu soberbia deberás buscarla entre los hombres comunes; y por culpa de tu fascinación por los prodigios tendrás que luchar mucho para conseguir de nuevo aquello que tan generosamente te habría sido entregado.

Fue como si el mundo hubiese desaparecido bajo mis pies. Continué arrodillado, atónito, sin querer pensar en nada. Una vez devuelta mi antigua espada a la tierra no podía tomarla de nuevo, y una vez que la nueva no me había sido entregada, estaba de nuevo como quien comienza en ese instante: sin poder e indefenso. El día de mi suprema Ordenación Celeste, la violencia de mi Maestre, al pisar mis dedos, me devolvía al mundo del Odio y de la Tierra.

El guía apagó la hoguera y mi mujer vino hacia mí y me ayudó a levantarme. Traía en las manos mi nueva espada, pero, según las reglas de la Tradición, yo jamás podría tocarla sin permiso de mi Maestre. Bajamos en silencio entre los matorrales, siguiendo la linterna del guía, hasta llegar al pequeño camino de tierra donde estaban estacionados los coches.

Nadie se despidió de mí. Mi mujer colocó la espada en la cajuela del auto y encendió el motor. Permanecimos largo rato en silencio, mientras ella conducía despacio, esquivando los baches y zanjas del camino.

—No te preocupes —dijo, intentando animarme un poco—. Estoy segura de que la conseguirás de nuevo.

Le pregunté qué le había dicho el Maestre.

—Me dijo tres cosas. Primero, que él debería haber traído un abrigo, porque allá arriba hacía más frío del que pensaba. Segundo, que nada de aquello había sido una sorpresa

Mapa de la peregrinación

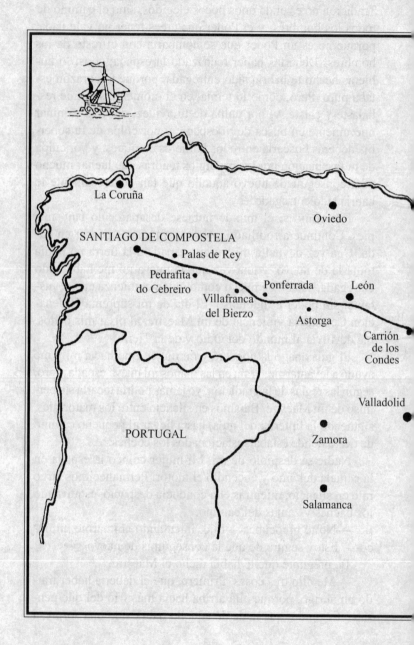

MAR CANTÁBRICO

FRANCIA

S. Jean Pied-de-Port

Roncesvalles

Pamplona

Estella

Puente de la Reina

Burgos

Logroño

Castrojeriz

Santo
Domingo
de la Calzada

para él y que ya había sucedido muchas otras veces, con muchas otras personas que llegaron hasta donde llegaste. Y tercero, que tu espada te estaría esperando a una cierta hora, en una cierta fecha, en algún punto de un camino que deberás recorrer. No sé ni la fecha ni la hora. Sólo me dijo dónde debo esconderla para que la encuentres.

—Y ¿cuál es ese camino? —pregunté nervioso.

—¡Ah! Eso no me lo explicó muy bien. Sólo dijo que buscaras en el mapa de España una antigua ruta medieval, conocida como el Extraño Camino de Santiago.

La llegada

El inspector de la aduana miró detenidamente la espada que mi mujer traía y preguntó qué pretendíamos hacer con eso. Dije que un amigo nuestro iba a valuarla para que la subastáramos. La mentira dio resultado; el inspector nos entregó una declaración de que habíamos entrado con la espada por el aeropuerto de Barajas, y advirtió que si teníamos problemas para sacarla del país, bastaba con mostrar ese documento en la aduana.

Nos dirigimos hacia la alquiladora de autos y confirmamos las dos reservaciones. Tomamos los boletos y fuimos juntos a comer algo en el restaurante del aeropuerto, antes de despedirnos.

Había pasado una noche de insomnio en el avión, por una mezcla de miedo a volar y la incertidumbre de lo que pasaría de ahora en adelante, pero aun así estaba emocionado y despierto.

—No te preocupes —dijo ella por enésima vez—. Debes ir a Francia, y en San Juan Pied-de-Port buscas a Mme. Lawrence. Ella te pondrá en contacto con alguien que te guiará por el Camino de Santiago.

—¿Y tú? —pregunté también por enésima vez, aunque ya sabía la respuesta.

—Voy adonde tengo que ir, a dejar lo que me fue confiado. Después me quedo en Madrid unos días y regreso a Brasil. Soy capaz de ocuparme de nuestros asuntos tan bien como tú.

—Lo sé —respondí, queriendo evitar hablar más del asunto.

Era enorme mi preocupación por los negocios dejados en Brasil. Aprendí lo necesario sobre el Camino de Santiago en los quince días posteriores al incidente en Agulhas Negras, pero me había llevado casi siete meses decidir dejarlo todo y hacer el viaje. Hasta que cierta mañana mi mujer me dijo que la hora y la fecha se acercaban, y que si no tomaba una decisión tendría que olvidar para siempre el camino de la Magia y la Orden de RAM. Intenté explicarle que el Maestre me había asignado una tarea imposible; no podía simplemente sacudirme de los hombros la responsabilidad de mi trabajo diario. Se rió y dijo que estaba dando una disculpa tonta, pues en aquellos siete meses poco había hecho, además de pasar noches y días preguntándome si debía o no viajar; y, con el gesto más natural del mundo, me extendió los dos boletos con la fecha de vuelo ya indicada.

—Estamos aquí porque tú lo decidiste —dije en el bar del aeropuerto—. No sé si sea correcto dejar la decisión de buscar mi espada a otra persona.

Mi mujer dijo que si íbamos a hablar tonterías, era mejor ir a nuestros respectivos autos y despedirnos de una vez.

—Jamás dejarías que otra persona tomara ninguna decisión sobre tu vida. Tenemos que apurarnos, se está haciendo tarde.

Se levantó, tomó su equipaje y se dirigió al establecimiento. Yo no me moví; permanecí sentado, mirando la manera displicente como cargaba mi espada, que amenazaba con resbalar de debajo de su brazo en cualquier momento.

Se detuvo a medio camino, regresó hasta la mesa donde yo estaba, me estampó un sonoro beso en la boca y me miró sin decir nada durante mucho tiempo.

De repente me di cuenta de que estaba en España y de que ya no podía dar marcha atrás. Aun con la horrible certeza de que tenía muchas probabilidades de fracasar, ya había dado el primer paso. Entonces la abracé con mucho amor, con todo el amor que sentía en ese momento, y mientras la tenía en mis brazos recé por todo y por todos los que creía, les imploré que me dieran fuerzas para volver con ella y con la espada.

—Bonita espada, ¿viste? —comentó una voz femenina en la mesa de al lado, luego de que mi mujer partiera.

—No te preocupes —respondió una voz de hombre—. Te voy a comprar una exactamente igual. Aquí en España, las tiendas para turistas tienen miles como ésas.

Después de conducir durante una hora, el cansancio acumulado por la noche anterior comenzó a hacerse sentir. Además, el calor de agosto era tan fuerte que, aun cuando anduviera por una carretera sin tráfico, el coche comenzaba a mostrar problemas de sobrecalentamiento. Resolví parar un poco en un pueblo que los carteles de la carretera anunciaban como monumento nacional. Cuando subía la escarpada ladera que me conduciría hasta él, comencé a recordar una vez más todo lo aprendido sobre el Camino de Santiago.

Así como la tradición musulmana exige que todo fiel haga, por lo menos una vez en la vida, la peregrinación que Mahoma hizo de La Meca a Medina, durante el primer milenio del cristianismo se conocieron tres rutas consideradas sagradas y que redituaban una serie de bendiciones e indulgencias a quien recorriese cualquiera de ellas. La primera ruta llevaba a la tumba de San Pedro, en Roma; sus caminantes tenían como símbolo una cruz y se les llamaba *romeros*. La segunda ruta llevaba hasta el Santo Sepulcro de Cristo, en Jerusalén, y los que la seguían eran llamados *palmeros* porque tenían como símbolo las palmas con que Cristo fue saludado cuando entró en la ciudad. Por último, existía un tercer camino —uno que llevaba a los restos mortales del apóstol Santiago, enterrados en un lugar de la Península Ibérica donde cierta noche un pastor había visto una brillante estrella sobre un campo. Cuenta la leyenda que no sólo Santiago, sino también la propia virgen María estuvo por allí inmediatamente después de la muerte de Cristo, llevando la palabra del Evangelio y exhortando a los pueblos a convertirse. El lugar terminó siendo conocido como Compostela —el campo de la estrella— y luego surgió una ciudad que atraería viajeros de todo el mundo cristiano. A estos viajeros que recorrían la tercera ruta sagrada, les fue dado el nombre de *peregrinos*, y tuvieron como símbolo una concha.

En su época dorada, en el siglo XIV, la Vía Láctea (porque en la noche los peregrinos se orientaban por esta galaxia) llegó a ser recorrida cada año por más de un millón de personas, procedentes de todos los rincones de Europa. Hasta hoy, místicos, religiosos e investigadores aún recorren a pie los setecientos kilómetros que separan la ciudad francesa de San Juan Pied-de-Port de la catedral de Santiago de Compostela, en España.[1]

Gracias al sacerdote francés Aymeric Picaud, que peregrinó hasta Compostela en 1123, la ruta seguida hoy por los peregrinos es exactamente igual al camino medieval recorrido por Carlomagno, San Francisco de Asís. Isabel de Castilla y, más recientemente, por el papa Juan XXIII, entre muchos otros.

Picaud escribió cinco libros sobre su experiencia y fueron presentados como trabajo del papa Calixto II —devoto de Santiago— y conocido más tarde como el *Codex Calixtinus*. En su Libro V, *Liber Sancti Jacobi*, Picaud enumera las marcas naturales, fuentes, hospitales, refugios y ciudades que se extendían a lo largo del camino. Basada en las notas de Picaud, una sociedad, "Les amis de Saint-Jacques"* (Santiago es Saint-Jacques en francés. James en inglés, Giacomo en italiano, Jacob en latín), se encarga de mantener hasta hoy estas marcas naturales y de orientar a los peregrinos.

Alrededor del siglo XII, la nación española comenzó a aprovechar la mística de Santiago en su lucha contra los moros que habían invadido la península. Se crearon varias ór-

---

[1] El Camino de Santiago en territorio francés se componía de varias rutas que convergían en una ciudad española llamada Puente la Reina. La ciudad de San Juan Pied-de-Port se localiza en una de estas rutas, que no es la única ni la más importante.

* "Los amigos de Santiago" (N. de la T.).

denes militares a lo largo del Camino, y las cenizas del apóstol se volvieron un poderoso amuleto espiritual para combatir a los musulmanes, que decían tener consigo un brazo de Mahoma.

Sin embargo, al terminar la reconquista, las órdenes militares eran tan fuertes que comenzaron a ser una amenaza para el Estado, lo que obligó a los reyes católicos a intervenir directamente para evitar que se levantaran contra la nobleza. Por ello, el Camino poco a poco fue cayendo en el olvido y, de no ser por manifestaciones artísticas esporádicas —como *La vía láctea* de Buñuel o "Cantares" de Juan Manuel Serrat—, hoy en día nadie sería capaz de recordar que por allí pasaron miles de personas que más tarde poblarían el Nuevo Mundo.

El pueblo al que llegué estaba absolutamente desierto. Después de mucho buscar, encontré una pequeña cantina adosada a una vieja casa de estilo medieval. El dueño —que no despegaba los ojos de un programa de televisión— me informó que era hora de la siesta y que estaba loco al andar por la carretera con tanto calor.

Pedí un refresco, intenté ver un poco de televisión, pero no podía concentrarme en nada, sólo pensaba en que dentro de dos días reviviría en pleno siglo XX un poco de la gran aventura humana que trajo a Ulises de Troya, anduvo con don Quijote por La Mancha, llevó a Dante y Orfeo a los infiernos y a Cristóbal Colón hasta América: la aventura de viajar con dirección a lo Desconocido.

Cuando regresé a mi auto ya estaba un poco más tranquilo. Aun cuando no descubriera mi espada, la peregrinación por el Camino de Santiago haría que al final me descubriera a mí mismo.

San Juan Pied-de-Port

Un desfile con personajes enmascarados y una banda de músicos, todos vestidos de rojo, verde y blanco, los colores del País Vasco francés, ocupaban la calle principal de San Juan Pied-de-Port. Era domingo, había conducido durante dos días y no podía perder ni siquiera un minuto más asistiendo a aquella fiesta. Me abrí paso entre las personas, oí algunos insultos en francés, pero terminé dentro de las fortificaciones que constituían la parte más antigua de la ciudad, donde debería estar Mme. Lawrence. Aun en esa parte de los Pirineos hacía calor durante el día y salí del automóvil bañado en sudor.

Toqué la puerta. Toqué otra vez… y nada. Toqué por tercera vez y nadie contestó. Me senté a la orilla del camino, preocupado. Mi mujer me había dicho que yo debía estar allí exactamente ese día, pero nadie respondía a mis llamados. Podría ser, pensé, que Mme. Lawrence hubiese salido a ver el desfile, pero también cabía la posibilidad de que yo hubiera llegado demasiado tarde y ella hubiera decidido no recibirme. El Camino de Santiago acabaría antes de haber comenzado.

De repente, la puerta se abrió y una niña saltó hacia la calle. Me levanté también de un salto y, en mi francés que no era muy bueno, pregunté por Mme. Lawrence. La niña se rió y señaló hacia dentro. Sólo entonces me di cuenta de mi error: la puerta daba hacia un inmenso patio, circundado por viejas casas medievales con balcones. La puerta había estado abierta para que pasara, y no me había atrevido siquiera a tocar la manija.

Entré corriendo y me dirigí a la casa que la niña me indicó. Dentro, una mujer mayor y gorda vociferaba algo en vasco a un muchacho menudo, de ojos castaños y tristes. Esperé algún tiempo a que terminara la discusión, que efectivamente terminó: el pobre muchacho fue enviado a la cocina en medio de un alud de insultos de parte de la vieja. Sólo entonces ella me miró y, sin siquiera preguntarme qué quería, me condujo —entre gestos delicados y empujones— al segundo piso de la casita. Allí sólo había un estudio pequeño, lleno de libros, objetos, estatuas de Santiago y recuerdos del Camino. Sacó un libro del estante, se sentó detrás de la única mesa del lugar y me dejó de pie.

—Debes de ser otro de los peregrinos a Santiago —dijo sin rodeos—. Debo anotar tu nombre en la libreta de los que emprenden el camino.

Dije mi nombre y quiso saber si había traído las veneras. "Veneras" era el nombre dado a las grandes conchas llevadas como símbolo de la peregrinación hasta la tumba del apóstol, y servían para que los peregrinos se identificasen entre sí.[1] Antes de viajar a España había ido a un lugar de peregrinación en Brasil, Aparecida do Norte; allí había comprado una imagen de Nuestra Señora Aparecida montada sobre tres veneras. La saqué de la mochila y se la di a Mme. Lawrence.

—Bonito, pero poco práctico —dijo, devolviéndome las veneras—. Pueden romperse durante el camino.

—No se romperán. Voy a dejarlas sobre la tumba del apóstol.

Mme. Lawrence parecía no tener mucho tiempo para atenderme. Me dio un pequeño carnet que me facilitaría el hospedaje en los monasterios del Camino; colocó un sello de San Juan Pied-de-Port para indicar dónde había iniciado el recorrido, y dijo que podía irme con la bendición de Dios.

—Pero, ¿dónde esta mi guía? —pregunté.

—¿Cuál guía? —respondió, un poco sorprendida, pero también con un brillo distinto en los ojos.

[1] La única marca que el Camino de Santiago dejó en la cultura francesa fue, justamente, en el orgullo nacional, la gastronomía: "*coquilles Saint-Jacques*".

Me di cuenta de que me había olvidado de algo muy importante. En mi afán de llegar y ser atendido pronto, no había pronunciado la Palabra Antigua, una especie de contraseña que identifica a quienes pertenecen o pertenecieron a las órdenes de la Tradición. De inmediato corregí mi error y le dije la Palabra. Mme. Lawrence, en un gesto rápido, arrancó de mis manos el carnet que me había entregado minutos antes.

—No vas a necesitar esto —dijo, mientras quitaba una pila de periódicos viejos de encima de una caja de cartón—. Tu camino y tu descanso dependen de las decisiones de tu guía.

Mme. Lawrence sacó de la caja un sombrero y un manto. Parecían ropas muy antiguas, pero estaban bien conservadas. Me pidió que permaneciera de pie en el centro de la sala y comenzó a rezar en silencio. Después colocó el manto en mi espalda y el sombrero en mi cabeza. Pude notar que tanto en el sombrero como en cada hombrera del manto había veneras cosidas. Sin parar de rezar, la anciana tomó un cayado de uno de los rincones del estudio y me hizo tomarlo con la mano derecha. En el cayado amarró una pequeña cantimplora. Allí estaba yo: debajo, bermudas de mezclilla y camiseta con la leyenda *I Love NY*, y encima el traje medieval de los peregrinos a Compostela.

La anciana se acercó hasta quedar a dos palmos de distancia frente a mí. Entonces, en una especie de trance, colocando las manos abiertas sobre mi cabeza, dijo:

—Que el Apóstol Santiago te acompañe y te muestre lo único que necesitas descubrir; que no andes ni muy despacio ni demasiado aprisa, sino siempre de acuerdo con las Leyes y las Necesidades del Camino; que obedezcas a aquel que te guiará, aun cuando te diere una orden homicida, blasfema o insensata. Debes jurar obediencia total a tu guía.

Juré.

—El Espíritu de los antiguos peregrinos de la Tradición ha de acompañarte en la jornada. El sombrero te protege del sol y de los malos pensamientos; el manto te protege de la lluvia y de las malas palabras; el cayado te protege de los enemigos y de las malas obras. La bendición de Dios, de

Santiago y la virgen María te acompañe todas las noches y todos los días. Amén.

Dicho esto, volvió a sus maneras habituales: con prisa y con un cierto mal humor recogió las ropas, las guardó de nuevo en la caja, devolvió el cayado con la cantimplora al rincón de la sala, y después de enseñarme las palabras de contraseña me pidió que me fuera pronto, pues mi guía estaba esperándome a unos dos kilómetros de San Juan Pied-de-Port.

—Detesta las bandas de música —dijo—. Pero aun a dos kilómetros de distancia debe de estar escuchando: los Pirineos son una excelente caja de resonancia.

Y sin mayores comentarios, bajó las escaleras y se fue a la cocina a atormentar un poquito más al muchacho de ojos tristes. Al salir pregunté qué debía hacer con el auto y dijo que le dejara las llaves, luego vendría alguien por él. Me dirigí a la cajuela de éste y tomé la mochila azul, un saco de dormir venía amarrado a ella; guardé en el rincón más protegido la imagen de Nuestra Señora Aparecida con las conchas; me la coloqué en la espalda y fui a darle las llaves a Mme. Lawrence.

—Sal de la ciudad siguiendo esta calle hasta aquella puerta, allá, al final de las murallas —me dijo—, y cuando llegues a Santiago de Compostela reza un avemaría por mí. Yo ya recorrí tantas veces este camino que ya no puedo hacerlo debido a mi edad; ahora me contento con leer en los ojos de los peregrinos la emoción que todavía siento. Cuéntale esto a Santiago, y cuéntale también que en cualquier momento me encontraré con él, por otro camino, más directo y menos cansado.

Salí de la ciudad trasponiendo las murallas por la Porte D'Espagne. En el pasado ésta había sido la ruta preferida de los invasores romanos y por aquí también pasaron los ejércitos de Carlomagno y Napoleón. Seguí en silencio, oyendo a lo lejos la banda de música y, súbitamente, en las ruinas de un poblado próximo a San Juan, fui embargado por una inmensa emoción y mis ojos se llenaron de lágrimas: allí, en esas ruinas, me di cuenta por primera vez de que mis pies estaban pisando el Extraño Camino de Santiago.

Rodeando el valle, los Pirineos, coloridos por la música de la bandita y por el sol de esa mañana, me daban la sensación de algo primitivo, de algo ya olvidado por el género humano, pero que de ninguna manera podía saber qué era. Mientras tanto, era una sensación extraña y fuerte; resolví apretar el paso y llegar a la brevedad posible al sitio donde dijo Mme. Lawrence que me esperaba el guía. Sin parar de caminar, me quité la camiseta y la guardé en la mochila. Las colgaderas comenzaban a lastimar un poco los hombros desnudos, pero, en compensación, los viejos tenis eran tan suaves que no me causaban ninguna incomodidad. Luego de casi cuarenta minutos, en una curva que rodeaba una gigantesca piedra, llegué al antiguo pozo abandonado. Allí, sentado en el suelo, un hombre de unos cincuenta años —de cabellos negros y aspecto gitano— revolvía su mochila buscando algo.

—Hola —dije en español, con la misma timidez que experimentaba siempre que era presentado con alguien—. Debes estar esperándome. Me llamo Paulo.

El hombre dejó de escular en su mochila y me miró de arriba abajo. Su mirada era fría y no pareció sorprendido por mi llegada. Yo también tuve la vaga sensación de que lo conocía.

—Sí, estaba esperándote, pero no sabía que te encontraría tan pronto. ¿Qué quieres?

Me desconcerté un poco con la pregunta y respondí que yo era quien él guiaría por la Vía Láctea en busca de la espada.

—No es necesario —dijo el hombre—. Si tú quieres, yo puedo encontrarla para ti, pero tienes que decidirlo ahora.

Cada vez me parecía más extraña aquella conversación con el desconocido. Mientras tanto, como había jurado obediencia, me preparaba para responder. Si él podía encontrar la espada para mí, me ahorraría un tiempo enorme y podría volver luego a atender a las personas y los asuntos dejados en Brasil, que no se apartaban de mi mente. También podría tratarse de un truco, pero no habría ningún mal en responder.

Resolví decir que sí y de repente, detrás de mí, oí una voz que hablaba en español, con un acento marcadísimo:

—No es necesario subir una montaña para saber si es alta.

¡Era la contraseña! Volteó y vi a un hombre como de cuarenta años, bermudas caqui, camiseta blanca sudada, mirando fijamente al gitano. Tenía los cabellos grises y la piel quemada por el sol. En mi prisa había olvidado las reglas más elementales de protección y me había puesto en manos del primer desconocido que me encontré.

—El barco está más seguro cuando está en el puerto; pero no es para eso que se construyeron los barcos —le dije como contraseña. Mientras, el hombre no despegaba los ojos del gitano, ni el gitano desvió los ojos de él. Se miraron frente a frente durante algunos minutos, sin miedo y sin valentía, hasta que el gitano dejó la mochila en el suelo, sonrió con desdén y prosiguió con dirección a San Juan Pied-de-Port.

—Me llamo Petrus[2] —dijo el recién llegado, en cuanto el gitano desapareció tras la inmensa piedra que yo había rodeado minutos antes—. La próxima vez sé más cauteloso.

Noté un tono simpático en su voz, diferente del tono del gitano y del de la propia Mme. Lawrence. Levantó su mochila del suelo y reparé en que tenía dibujada una venera en la parte de atrás. Sacó de dentro una garrafa de vino, tomó un trago y me ofreció. Mientras bebía, pregunté quién era el gitano.

—Ésta es una ruta fronteriza, muy usada por contrabandistas y terroristas refugiados del País Vasco español —dijo Petrus—. La policía casi no viene por aquí.

—No me estás respondiendo. Ustedes dos se miraron como viejos conocidos y tengo la impresión de que yo también lo conozco, por eso fui tan poco precavido.

Petrus se rió y pidió que emprendiéramos pronto el camino. Tomé mis cosas y comenzamos a caminar en silencio,

[2] En realidad, Petrus me dijo su verdadero nombre, pero, para proteger su intimidad, ha sido cambiado; es uno de los raros casos de nombres cambiados por un alias en este libro.

pero, por la risa de Petrus, sabía que estaba pensando lo mismo que yo.

Nos habíamos encontrado con un demonio.

Caminamos en silencio durante un cierto tiempo: Mme. Lawrence tenía toda la razón: a casi tres kilómetros de distancia aún podía oírse la bandita que tocaba sin parar. Quería hacer muchas preguntas a Petrus —sobre su vida, su trabajo y lo que lo había traído hasta este lugar—; sin embargo, sabía que aún teníamos setecientos kilómetros por recorrer juntos y llegaría el momento exacto en que todas mis preguntas tendrían respuesta. Pero no dejaba de pensar en el gitano y terminé rompiendo el silencio.

—Petrus, creo que el gitano era el demonio.

—Sí, era el demonio —y cuando lo confirmó, sentí una mezcla de terror y de alivio—. Pero no es el demonio que conociste en la Tradición.

En la Tradición, el demonio es un espíritu que no es bueno ni malo; se le considera guardián de la mayor parte de los secretos accesibles al hombre y poseedor de fuerza y poder sobre las cosas materiales. Por ser el ángel caído, se identifica con la raza humana y está siempre dispuesto a celebrar pactos y a intercambiar favores. Pregunté cuál era la diferencia entre el gitano y los demonios de la Tradición.

—Vamos a encontrarnos otros por el camino —rió—. Los descubrirás por ti mismo, pero, para tener una idea, procura acordarte de toda la conversación con el gitano.

Recordé las dos únicas frases que había intercambiado con él. Dijo que estaba esperándome y afirmó que buscaría la espada para mí.

Entonces, Petrus dijo que eran dos frases que perfectamente podrían salir de la boca de un ladrón sorprendido en pleno robo de una mochila: para ganar tiempo y conseguir favores, mientras rápidamente traza una ruta de fuga. Al mismo tiempo, las dos frases podían tener un sentido más profundo; es decir, que las palabras significaran exactamente lo que pretendía decir.

—¿Cuál de las dos es correcta?

—Ambas son correctas. Aquel pobre ladrón, mientras se defendía, captó en el aire las palabras que era necesario decirte. Creyó estar siendo inteligente y no era más que instrumento de una fuerza superior. Si hubiese corrido cuando llegué, esta conversación sería innecesaria. Pero me encaró y leí en sus ojos el nombre de un demonio que te encontrarás en el camino.

Según Petrus, el encuentro había sido un presagio favorable, pues el demonio se había revelado demasiado pronto.

—No te preocupes por él ahora porque, como dije antes, no será el único. Tal vez sea el más importante, pero no el único.

Continuamos andando. La vegetación, antes un poco desértica, cambió, y podían verse arbolitos esparcidos por doquier. Incluso, tal vez fuese mejor seguir el consejo de Petrus y dejar que las cosas sucedieran por sí mismas. De vez en cuando él hacía algún comentario respecto de uno u otro hecho histórico ocurrido en los sitios por donde íbamos pasando. Vi la casa donde una reina pernoctara la víspera de su muerte y una capilla incrustada en las rocas, ermita de algún santo que, según los escasos habitantes de esa área, era capaz de hacer milagros.

—Los milagros son muy importantes, ¿no te parece? —preguntó Petrus.

Respondí que sí, pero que nunca había visto un gran milagro. Mi aprendizaje en la Tradición había sido mucho más en el plano intelectual. Creía que cuando recuperara mi espada, entonces sí, sería capaz de hacer las cosas importantes que mi Maestre hacía.

—Y que no son milagros, porque no transgreden las leyes de la naturaleza. Lo que mi Maestre hace es utilizar estas fuerzas para…

No pude completar la frase, porque no encontraba ninguna razón para que el Maestre consiguiera materializar espíritus, cambiar de lugar objetos sin tocarlos y, como ya había visto más de una vez, abrir espacios de cielo azul en tardes nubladas.

—Tal vez haga esto para convencerte de que tiene el Conocimiento y el Poder —respondió Petrus.

—Puede ser —respondí sin mucha convicción. Nos sentamos en una piedra, porque Petrus dijo que detestaba fumar cigarrillos mientras caminaba. Según él, los pulmones absorbían mucha más nicotina y el humo le provocaba náuseas.

—Por eso tu Maestre te retiró la espada —dijo Petrus—. Porque no sabes cuál es la razón de que él haga esos prodigios. Porque olvidaste que el camino del conocimiento es un camino abierto a todos los hombres, a las personas comunes. En nuestro viaje, voy a enseñarte algunos ejercicios y algunos rituales conocidos como las Prácticas de RAM. Cualquier persona, en algún momento de su existencia, ya tuvo acceso a por lo menos una de ellas. Quien se proponga buscarlas, con paciencia y perspicacia, puede encontrarlas todas, sin excepción, en las propias lecciones que la vida nos enseña.

"Las Prácticas de RAM son tan sencillas que las personas como tú, acostumbradas a complicar demasiado la vida, con frecuencia no les conceden ningún valor, pero son ellas, junto con otras tres series de prácticas, las que hacen que el hombre sea capaz de conseguir todo, pero absolutamente todo lo que desea.

"Jesús alabó al Padre cuando sus discípulos comenzaron a realizar milagros y curaciones, y agradeció haber ocultado esto a los sabios y haberlo revelado a los hombres comunes. Al final de cuentas, si alguien cree en Dios, debe creer también que Dios es justo.

Petrus tenía toda la razón. Sería una injusticia divina permitir que sólo las personas instruidas, con tiempo y dinero para comprar libros caros, pudieran acceder al verdadero Conocimiento.

—El verdadero camino de la sabiduría puede identificarse por sólo tres cosas —dijo Petrus—: primero, debe tener Ágape, y de eso te hablaré más tarde; segundo, debe tener una aplicación práctica en tu vida, si no la sabiduría se convierte en algo inútil y se pudre como una espada que nunca se utiliza.

"Y finalmente, debe ser un camino que pueda ser andado por cualquier persona. Como el camino que estás haciendo ahora, el Camino de Santiago.

Caminamos durante el resto de la tarde y sólo cuando el sol comenzó a desaparecer tras las montañas, Petrus resolvió parar de nuevo. Alrededor nuestro, los picos más altos de los Pirineos aún brillaban con la luz de los últimos rayos del día.

Petrus pidió que limpiara una superficie pequeña del suelo y que allí me arrodillara.

—La Primera Práctica de RAM es nacer de nuevo. Deberás ejecutarla durante siete días seguidos, intentando experimentar de diferente manera tu primer contacto con el mundo. Sabes cuán difícil fue dejarlo todo y venir a recorrer el Camino de Santiago en busca de una espada, pero esta dificultad sólo existió porque estabas preso en el pasado. Ya fuiste derrotado y temes ser derrotado nuevamente; ya conseguiste algo y temes volver a perderlo. Mientras tanto prevaleció algo más fuerte que todo eso: el deseo de encontrar tu espada, y decidiste correr el riesgo.

Respondí que sí, pero que aún continuaba con las mismas preocupaciones a las que se había referido.

—No tiene importancia. Poco a poco, el ejercicio irá liberándote de las cargas que tú mismo creaste en tu vida.

Y Petrus me enseñó la Primera práctica de RAM: *El Ejercicio de la Semilla*.

—Hazlo ahora por primera vez —dijo.

Apoyé la cabeza entre las rodillas, respiré hondo y comencé a relajarme. Mi cuerpo obedeció con docilidad —tal vez porque habíamos andado mucho durante el día y debía de estar exhausto. Comencé a escuchar el ruido de la tierra, un ruido sordo, ronco, y poco a poco fui transformándome en semilla.

No pensaba. Todo era oscuro y estaba adormecido en el fondo de la tierra. De repente algo me movió. Era una parte de mí, una minúscula parte de mí que quería despertarme, decía que debía salir de allí porque había otra cosa "allá arriba". Pensaba dormir y esta parte insistía. Comenzó por mover mis dedos y mis dedos fueron moviendo mis brazos —pero no eran dedos ni brazos, sino un pequeño brote que luchaba por vencer la fuerza de la tierra y caminar con dirección a ese "algo de allá arriba". Sentí que el cuerpo comenzó a seguir el movimiento de los brazos. Cada segundo parecía

El Ejercicio de la Semilla

Arrodíllese en el suelo. Después, siéntese sobre sus talones e incline el cuerpo, de modo que su cabeza toque las rodillas. Estire los brazos hacia atrás.

Está en una posición fetal. Ahora relájese y olvide todas las tensiones. Respire tranquila y profundamente.

Poco a poco irá sintiendo que es una minúscula semilla, circundada por la comodidad de la tierra. Todo es cálido y placentero a su alrededor. Duerme un sueño tranquilo.

De repente, un dedo se mueve. El brote ya no quiere ser semilla, quiere nacer. Lentamente comienza a mover los brazos y luego su cuerpo irá irguiéndose, irguiéndose hasta estar sentado sobre sus talones. Ahora comienza a levantarse, y lentamente, lentamente, se habrá incorporado y estará arrodillado en el suelo.

Durante todo ese tiempo imaginó que era una semilla transformándose en brote y horadando poco a poco la tierra.

Llegó el momento de romper la tierra por completo. Va levantándose lentamente, colocando un pie en el suelo, después el otro, luchando por no perder el equilibrio como un brote lucha por encontrar su espacio, hasta que logra ponerse de pie.

Imagina el campo en torno suyo, el sol, el agua, el viento y los pájaros. Es un brote que comienza a crecer. Despacio levanta los brazos, con dirección al cielo. Luego, va estirándose cada vez más, cada vez más, como si quisiera agarrar el sol inmenso que brilla sobre usted y le da fuerzas y lo atrae.

Su cuerpo comienza a volverse cada vez más rígido, todos sus músculos se tensan mientras siente que crece, crece, crece y se vuelve inmenso. La tensión aumenta cada vez más hasta volverse dolorosa, insoportable. Cuando no aguante más, grite y abra los ojos.

Repita este ejercicio siete días seguidos, siempre a la misma hora.

una eternidad, pero la semilla tenía algo "allá encima" y necesitaba nacer, necesitaba saber qué era. Con una inmensa dificultad la cabeza, luego el cuerpo, comenzaron a levantarse. Todo era demasiado lento y necesitaba luchar contra la fuerza que me empujaba hacia abajo, con dirección al fondo de la tierra, donde antes estaba tranquilo y durmiendo mi sueño eterno. Pero fui venciendo, venciendo, y finalmente rompí algo y ya estaba erguido. La fuerza que me empujaba hacia abajo cesó de pronto. Había perforado la tierra y estaba cercado por ese "algo de allá arriba".

Ese "algo de allá arriba" era el campo. Sentí el calor del sol, el zumbido de los mosquitos, el canto de un río que corría a lo lejos. Me incorporé despacio, con los ojos cerrados y todo el tiempo pensaba que perdería el equilibrio y volvería a la tierra, pero mientras continuaba creciendo. Mis brazos fueron abriéndose y mi cuerpo estirándose. Allí estaba yo, renaciendo, queriendo ser bañado por dentro y por fuera por aquel sol inmenso que brillaba y me pedía crecer más, estirarme más, para abrazarlo con todas mis ramas. Fui tensando cada vez más los brazos, los músculos de todo el cuerpo comenzaron a dolerme y sentí que medía mil metros de altura y que podía abrazar muchas montañas. El cuerpo fue expandiéndose, expandiéndose hasta que el dolor muscular fue tan intenso que no aguanté más y di un grito.

Abrí los ojos y Petrus estaba delante de mí, sonriendo y fumándose un cigarro. La luz del día aún no había desaparecido, pero me sorprendió darme cuenta de que no hacía el sol que había imaginado. Pregunté si quería que le describiera las sensaciones y respondió que no.

—Esto es algo muy personal y debes guardarlas para ti mismo. ¿Cómo podría yo juzgarlas? Son tuyas, no mías.

Petrus dijo que dormiríamos allí mismo. Hicimos una pequeña fogata, tomamos lo que quedaba en su garrafa de vino y preparé unos emparedados con un paté *foie-gras* que compré antes de llegar a San Juan. Petrus fue hasta el riachuelo que corría cerca de nosotros y trajo unos peces, que asó en la fogata. Después nos acostamos en nuestros respectivos sacos de dormir.

Entre las grandes sensaciones que experimenté en mi vida, no puedo olvidar aquella primera noche en el Camino de Santiago. Hacía frío, a pesar de ser verano, pero aún tenía en la boca el sabor del vino que Petrus había traído.

Miré al cielo y la Vía Láctea se extendía sobre mí, mostrando el inmenso camino que debíamos atravesar. En otro tiempo, esta inmensidad me habría provocado una enorme angustia, un miedo terrible de no ser capaz de recorrerla, de ser demasiado pequeño para lograrlo. Pero hoy era una semilla y había nacido de nuevo. Había descubierto que, a pesar de la comodidad de la tierra y del sueño que dormía, era mucho más bella, la vida "allá arriba". Yo podía nacer siempre, cuantas veces quisiera, hasta que mis brazos fueran lo suficientemente grandes para poder abrazar la tierra de donde provenía.

El creador y la criatura

Durante seis días caminamos por los Pirineos, subiendo y bajando montañas, y Petrus me pedía realizar el ejercicio de la semilla cada vez que los rayos del sol iluminaban apenas los picos más altos. El tercer día del recorrido, una columna de cemento pintada de amarillo nos indicó que habíamos cruzado la frontera y, a partir de allí, nuestros pies estaban pisando tierra española. Poco a poco, Petrus comenzó a platicar algunos detalles de su vida personal; descubrí que era italiano y que se dedicaba al diseño industrial.[1] Pregunté si no estaba preocupado por tantas cosas a las que debió renunciar para servir de guía a un peregrino en busca de su espada.

—Quiero explicarte algo —respondió—. No te estoy guiando hacia tu espada. Sólo a ti te corresponde encontrarla. Estoy aquí para conducirte por el Camino de Santiago y enseñarte las Prácticas del RAM. Es tu problema saber cómo aplicarás esto en la búsqueda de tu espada.

—No respondiste a mi pregunta.

—Cuando uno viaja experimenta de una manera muy práctica el acto de Renacer. Nos enfrentamos a situaciones completamente nuevas, el día transcurre más despacio y la mayoría de

---

[1] Colin Wilson afirma que en este mundo no existen las coincidencias, y pude confirmar la veracidad de esta afirmación una vez más. Cierta tarde, al estar hojeando algunas revistas en el salón del hotel donde me hospedaba en Madrid, llamó mi atención un reportaje sobre el Premio Príncipe de Asturias, porque un periodista brasileño, Roberto Marinho, había sido uno de los premiados. Sin embargo, al mirar más detenidamente la foto del banquete me llevé una gran sorpresa: en una de las mesas, elegante con su *esmoquin*, estaba Petrus, y el pie de foto se refería a él como "uno de los más famosos diseñadores europeos del momento".

las veces no comprendemos la lengua que las personas están hablando. Exactamente como una criatura recién salida del vientre materno. Por ello, uno comienza a darle mucha más importancia a las cosas que lo rodean, porque de ellas depende la propia supervivencia. Uno se vuelve más accesible a la gente, porque podrán ayudarnos en situaciones difíciles, y recibe con gran alegría cualquier pequeño favor de los dioses, como si fuese un episodio para recordar el resto de la vida.

"Al mismo tiempo, como para nosotros todas las cosas son una novedad, uno vislumbra sólo su belleza y se siente más feliz de estar vivo. Por eso la peregrinación religiosa siempre fue una de las maneras más directas de poder llegar a la iluminación. La palabra *pecado* viene de *pecus*, que significa 'pie defectuoso', pie incapaz de recorrer un camino. La forma de corregir el pecado es andando siempre hacia delante, adaptándose a las situaciones nuevas y recibiendo a cambio los miles de bendiciones que la vida generosamente da a quienes las solicitan.

"¿Crees que podría estar preocupado por media docena de proyectos que dejé de realizar para estar aquí, contigo?

Petrus miró alrededor y mis ojos acompañaron su mirada. En lo alto de una montaña pastaban algunas cabras. Una de ellas, la más audaz, estaba sobre una pequeña saliente de una roca altísima y yo no entendía cómo había llegado hasta allá y cómo podría regresar; pero, mientras pensaba esto, la cabra saltó y, pisando en puntos para mí invisibles, volvió junto a sus compañeras. Todo en derredor reflejaba una paz nerviosa, la paz de un mundo al que aún le faltaba mucho por crecer y crear, y que sabía que para ello era preciso seguir caminando, siempre caminando. Aun cuando a veces un gran terremoto o una tempestad asesina me provocaran la sensación de que la naturaleza era cruel, me di cuenta de que éstas eran las vicisitudes del camino. También la naturaleza viajaba en busca de la iluminación.

—Estoy muy contento de estar aquí —dijo Petrus—, porque el trabajo que dejé de hacer ya no importa, y los trabajos que realizaré después de esto serán mucho mejores.

Cuando leí la obra de Carlos Castaneda, deseé mucho encontrar al anciano brujo indio, Don Juan. Al ver a Petrus mirando las montañas, me pareció estar con alguien muy parecido.

La tarde del séptimo día llegamos a lo alto de un monte, luego de atravesar un bosque de pinos. Allí Carlomagno oró por primera vez en suelo español y, debido a esto, un monumento antiguo pedía en latín que todos rezasen un *Salve Regina*. Nosotros hicimos lo que el monumento pedía. Después, Petrus se encargó de que hiciera el ejercicio de la semilla por última vez.

Corría mucho viento y hacía frío. Argumenté que todavía era temprano —debían de ser, cuando mucho, las tres de la tarde—, pero me respondió que no discutiera e hiciera exactamente lo que mandaba.

Me arrodillé en el suelo y comencé el ejercicio. Todo transcurrió normal hasta el momento en que extendí mis brazos y comencé a imaginar el sol. Cuando llegué a ese punto, con el sol gigantesco brillando frente a mí, sentí que estaba entrando en un maravilloso éxtasis. Mis recuerdos de hombre comenzaron a borrarse lentamente y ya no estaba realizando un ejercicio, me había convertido en árbol. Estaba feliz y contento por eso. El sol brillaba y giraba sobre sí mismo —lo que nunca antes había ocurrido—. Permanecí allí, con las ramas extendidas, las hojas sacudidas por el viento, sin querer cambiar de posición nunca más, hasta que algo me tocó y todo se oscureció por una fracción de segundo.

Abrí de inmediato los ojos. Petrus me había dado una bofetada y me tenía agarrado de los hombros.

—¡No te olvides de tus objetivos! —dijo furioso—. No olvides que todavía tienes mucho que aprender antes de encontrar la espada!

Me senté en el suelo, temblando a causa del viento helado.

—¿Sucede siempre? —pregunté.

—Casi siempre —dijo—. Principalmente con las personas como tú, que se fascinan ante los detalles y se olvidan de lo que buscan.

Petrus sacó un suéter de la mochila y se lo puso. Yo me puse la camiseta que me sobraba encima de la que decía *I Love NY* —jamás se me habría ocurrido que en un verano que los diarios calificaron como "el más caluroso de la década" pudiera hacer tanto frío—. Las dos camisetas ayudaron a cortar el viento, pero le pedí a Petrus que camináramos más aprisa para que pudiese calentarme.

Ahora el camino era una bajada muy fácil. Creí que si sentíamos tanto frío era porque nos habíamos alimentado muy frugalmente, comiendo sólo pescado y frutas silvestres.[2] Petrus dijo que no, y explicó que el frío era porque habíamos llegado al punto más alto del trayecto en las montañas.

No habíamos andado más de quinientos metros cuando, tras bordear una curva del camino, el mundo cambió de repente. Una gigantesca planicie ondulada se extendía ante nosotros, a la izquierda, en el camino de bajada, a menos de doscientos metros de nosotros, un lindo pueblecito con sus humeantes chimeneas nos esperaba.

Comencé a caminar más rápido, pero Petrus me detuvo.

—Creo que es el mejor momento de enseñarte la Segunda Práctica de RAM —dijo, sentándose en el suelo e indicándome que hiciera lo mismo.

Me senté de mala gana. La vista del pueblecito con sus chimeneas humeantes me había perturbado bastante. De repente me di cuenta de que llevábamos una semana entre los matorrales, sin ver a nadie, durmiendo a la intemperie y caminando todo el día. Se acabaron mis cigarrillos y me vi obligado a fumar el horrible tabaco enrollado que Petrus usaba. Dormir dentro de un saco y comer pescado desabrido me gustaba mucho cuando tenía veinte años, pero allí, en el Camino de Santiago, era algo que exigía mucha resignación de mi parte.

---

[2] Hay una fruta roja, cuyo nombre desconozco, que actualmente el sólo verla me causa repugnancia de tanto que la comí en el paso por los Pirineos.

Esperé impaciente a que Petrus acabara de preparar y fumar su cigarro en silencio, mientras soñaba con el calor de un vaso de vino en el bar que podía ver a menos de cinco minutos de caminata.

Petrus, bien abrigado con su suéter, permanecía tranquilo y miraba distraídamente la inmensa planicie.

—¿Qué tal la travesía por los Pirineos? —preguntó, luego de un rato.

—Muy bien —respondí, sin querer alargar la conversación.

—Debe haber estado muy bien, puesto que tardamos seis días en hacer lo que se pudo haber hecho en sólo uno.

No creí lo que estaba diciendo. Tomó el mapa y me mostró la distancia: 17 kilómetros. Incluso caminando despacio por las subidas y bajadas ese camino pudo haberse andado en seis horas.

—Estás tan obcecado por llegar a tu espada que te olvidas de lo más importante: es necesario caminar hasta ella. Por mirar fijamente hacia Santiago —que no puedes ver desde aquí— no te diste cuenta de que pasamos por determinados lugares cuatro o cinco veces seguidas, en diferentes ángulos.

Mientras Petrus decía esto, comencé a darme cuenta de que el Monte Itchasheguy —el más alto de la región— a veces estaba a mi derecha, a veces a mi izquierda. Aun cuando reparé en ello, de momento no llegué a la única conclusión posible: habíamos pasado y vuelto a pasar muchas veces.

—Lo único que hice fue usar rutas diferentes, aprovechando los senderos abiertos en la maleza por contrabandistas, pero aun así era tu obligación notarlo.

"Eso te pasó porque tu acto de caminar no existía, sólo tu deseo de llegar.

—¿Y si me hubiera dado cuenta?

—De todas formas nos habríamos tardado los mismos siete días, porque así determinan las Prácticas de RAM; pero al menos habrías aprovechado los Pirineos de otra forma.

Estaba tan sorprendido que me olvidé un poco del frío y del pueblecito.

—Cuando se viaja en dirección a un objetivo —dijo Petrus—, es muy importante prestar atención al Camino. El Camino es el que nos enseña la mejor manera de llegar, y nos enriquece, mientras lo atravesamos. Comparando esto con una relación sexual, diría que son las caricias preliminares que determinan la intensidad del orgasmo. Cualquiera sabe de esto.

"Y así sucede cuando se tiene un objetivo en la vida. Puede ser mejor o peor, dependiendo del camino elegido para lograrlo y de la manera como lo atravesamos. Por eso es tan importante la Segunda Práctica de RAM: extraer, de lo que estamos acostumbrados a mirar todos los días, los secretos que no logramos ver debido a la rutina.

Y Petrus me enseñó *El Ejercicio de la Velocidad*.

—En las ciudades, en medio de nuestros quehaceres cotidianos, este ejercicio debe ejecutarse en veinte minutos, pero como estamos cruzando el Extraño Camino de Santiago, nos tardaremos una hora en llegar a la ciudad.

El frío —del que ya me había olvidado— volvió, y miré a Petrus con desesperación, pero no prestó atención: cogió la mochila y comenzamos a caminar aquellos doscientos kilómetros con una lentitud desesperante.

Al principio sólo miraba la taberna, un edificio antiguo, de dos pisos, con un letrero de madera colgado sobre la puerta. Estábamos tan cerca que podía leer la fecha en que se construyó el edificio: 1652. Nos movíamos, pero daba la impresión de que no habíamos salido del lugar. Petrus ponía un pie delante del otro con la mayor lentitud y yo lo imitaba. Saqué el reloj de la mochila y me lo puse en la muñeca.

—Así va a ser peor —dijo—, porque el tiempo no es algo que corra siempre al mismo ritmo. Somos nosotros quienes determinamos el ritmo del tiempo.

Comencé a mirar el reloj a cada rato y me pareció que tenía razón. Mientras más miraba, más penosamente pasaban los minutos. Resolví seguir su consejo y metí el reloj en la bolsa. Intenté fijar la atención en el paisaje, en la planicie, en las piedras que pisaban mis zapatos, pero siempre miraba hacia la taberna —y me convencía de que no había salido del lugar.

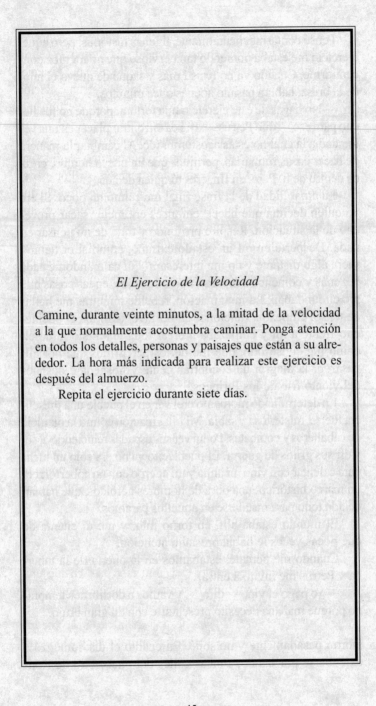

El Ejercicio de la Velocidad

Camine, durante veinte minutos, a la mitad de la velocidad
a la que normalmente acostumbra caminar. Ponga atención
en todos los detalles, personas y paisajes que están a su alrededor. La hora más indicada para realizar este ejercicio es
después del almuerzo.

Repita el ejercicio durante siete días.

Pensé contarme mentalmente algunas historias, pero aquel ejercicio me estaba poniendo tan nervioso que no lograba concentrarme. Cuando ya no resistí más y saqué de nuevo el reloj de la bolsa, habían pasado apenas once minutos.

—No hagas de este ejercicio una tortura, porque no fue hecho para eso —dijo Petrus—. Busca encontrar placer en una velocidad a la cual no estás acostumbrado. Al cambiar la manera de hacer cosas rutinarias, permites que un nuevo hombre crezca dentro de ti. Pero, en fin, eres tú quien decide.

La amabilidad de la frase final me calmó un poco. Si era yo quien decidía qué hacer, entonces era mejor sacar provecho de la situación. Respiré profundo y traté de no pensar en nada. Desperté en mí un estado extraño, como si el tiempo fuera algo distante y no me interesara. Fui calmándome cada vez más y comencé a reparar, con otros ojos, en las cosas que me circundaban. La imaginación, rebelde mientras me hallaba tenso, empezó a funcionar en mi favor. Miraba el pueblecito frente a mí y empezaba a crear toda una historia de él: cómo fue construido, qué fue de los peregrinos que por allí pasaron, la alegría de encontrar gente y hospedaje después del viento frío de los Pirineos.

En determinado momento creí ver en el pueblo una presencia fuerte, misteriosa y sabia. Mi imaginación colmó la planicie de caballeros y combates. Podía ver sus espadas reluciendo al sol y oír sus gritos de guerra. El pueblecito ya no era sólo un lugar para calentar con vino mi alma y mi cuerpo con un cobertor: era un marco histórico, una obra de hombres heroicos, que habían dejado todo para instalarse en aquellos páramos.

El mundo estaba allí, en torno mío, y me di cuenta de que pocas veces le había prestado atención.

Cuando me percaté, estábamos en la puerta de la taberna y Petrus me invitó a entrar.

—Yo pago el vino —dijo—, y vamos a dormirnos temprano porque mañana necesito presentarte con un gran brujo.

Dormí pesadamente y no soñé. En cuanto el día comenzó a extenderse por las dos únicas calles del pueblecito de Roncesvalles, Petrus tocó en la puerta de mi cuarto. Nos hospedábamos en el piso superior de la taberna, que también servía de hotel.

Tomamos café negro y pan con aceite, y salimos. Una densa neblina se había apoderado del lugar. Advertí que Roncesvalles no era exactamente un pueblecito, como había pensado al principio; en la época de las grandes peregrinaciones por el Camino fue el más poderoso monasterio de la región, tenía injerencia directa en territorios que llegaban hasta la frontera con Navarra, y aún conservaba estas características: sus pocos edificios integraban un colegiado de religiosos. La única construcción de características "laicas" era la taberna donde nos habíamos hospedado.

Caminamos entre la neblina y entramos en la iglesia colegial. Dentro, vestidos con casullas blancas, varios sacerdotes daban, conjuntamente, la primera misa de la mañana. Noté que era incapaz de entender una sola palabra, pues estaban oficiando en vasco. Petrus se sentó en uno de los bancos más alejados y pidió que me quedara junto a él.

La iglesia era inmensa, llena de obras de arte de valor incalculable. Petrus me explicó en voz baja que fue construida con donaciones de reyes y reinas de Portugal, España, Francia y Alemania, en un sitio previamente marcado por el emperador Carlomagno. En el altar mayor, la virgen de Roncesvalles —en plata maciza y con rostro de madera preciosa— tenía en sus manos un ramo de flores confeccionado en pedrería. El olor del incienso, la construcción gótica, los sacerdotes vestidos de blanco y sus cánticos comenzaron a llevarme a un estado muy semejante a los trances que experimentaba durante los rituales de la Tradición.

—¿Y el brujo? —pregunté, acordándome de quien me había hablado la tarde anterior.

Petrus señaló con la cabeza a un cura de mediana edad, delgado y con anteojos, sentado junto a otros monjes en los largos bancos que flanqueaban el altar mayor. ¡Un brujo que era al mismo tiempo sacerdote! Deseé que acabara pronto la misa, pero, como Petrus me había dicho el día anterior, somos nosotros los que determinamos el ritmo del tiempo: mi ansiedad hizo que la ceremonia religiosa demorara más de una hora.

Cuando la misa acabó, Petrus me dejó solo en el banco y se retiró por la puerta por donde salieron los sacerdotes. Me quedé algún tiempo mirando la iglesia, sintiendo que debía hacer algún tipo de oración, pero no logré concentrarme en nada. Las imágenes parecían distantes, atrapadas en un pasado que no volvería más, como jamás volvería la época de oro del Camino de Santiago.

Petrus apareció en la puerta y, sin mediar palabra, me indicó que lo siguiera.

Llegamos a un jardín interior del convento, cercado por una baranda de piedra. En el centro del jardín había una fuente y, sentado en su borde, nos esperaba el cura de lentes.

—Padre Jorge, éste es el peregrino —me presentó Petrus.

El sacerdote me tendió la mano y lo saludé. Ninguno dijo nada. Me quedé esperando que sucediera alguna cosa, pero sólo escuché a los gallos cantando a lo lejos y gavilanes saliendo en busca de la caza diaria. El sacerdote me miraba inexpresivamente, con una mirada muy parecida a la de Mme. Lawrence después de que dije la Palabra Antigua.

Por fin, después de un largo y pesado silencio, el padre Jorge habló:

—Al parecer subiste los escalones de la Tradición demasiado pronto, amigo.

Respondí que ya tenía 38 años y que había realizado con éxito todas las ordalías.[3]

—Menos una, la última y la más importante —dijo, mirándome aún inexpresivamente—. Sin la cual todo lo que aprendiste no significa nada.

—Por eso estoy recorriendo el Camino de Santiago.

---

[3] Las ordalías son pruebas rituales en las que no sólo entra en juego la dedicación del discípulo, sino los presagios suscitados durante su ejecución.

—Que no es garantía de nada. Ven conmigo.

Petrus permaneció en el jardín y yo seguí al padre Jorge. Cruzamos los claustros, pasamos por el sitio en que estaba enterrado un rey —Sancho el Fuerte— y llegamos hasta una capillita, retirada del grupo de edificios principales que conformaban el monasterio de Roncesvalles.

Adentro no había casi nada, apenas una mesa, un libro y una espada, pero no era la mía.

El padre Jorge se sentó tras la mesa y me dejó de pie. Después cogió algunas hierbas, con las que atizó el fuego; el ambiente se llenó de perfume. La situación me recordaba cada vez más el encuentro con Mme. Lawrence.

—Antes que nada voy a advertirte algo —dijo el padre Jorge—. La Ruta Jacobea es sólo uno de los cuatro caminos. Es el Camino de la Espada. Puede traerte poder, pero esto no es suficiente.

—¿Cuáles son los otros tres?

—Por lo menos conoces dos: el Camino de Jerusalén, que es el camino de Copas o del Grial, y te traerá la capacidad de hacer milagros; y el Camino de Roma, el camino de Bastos, que te permite la comunicación con los otros mundos.

—Falta el camino de Oros para completar los cuatro naipes de la baraja —dije bromeando y el padre Jorge se rió.

—Exactamente. Ése es el camino secreto, que si atraviesas algún día, no podrás contárselo a nadie. Por ahora vamos a dejar esto de lado. ¿Dónde están tus veneras?

Abrí la mochila y saqué las conchas con la imagen de Nuestra Señora Aparecida. Las colocó sobre la mesa, extendió las manos sobre ellas y comenzó a concentrarse. Me pidió que hiciera lo mismo. El perfume en el aire era cada vez más intenso. Tanto el padre como yo teníamos los ojos abiertos y de repente pude percibir que estaba sucediendo el mismo fenómeno que había visto en Itatiaia: las conchas brillaban con la luz que no ilumina. El brillo fue cada vez más intenso y oí una voz misteriosa, que salía de la garganta del padre Jorge, diciendo:

—Donde estuviere tu tesoro, allí estará tu corazón.

Era una frase de la Biblia; pero la voz continuó:

—Y donde estuviere tu corazón, allí estará la cuna de la Segunda Venida de Cristo; como estas conchas, el peregrino en la Ruta Jacobea es sólo la cáscara. Al romperse la cáscara, que es vida, aparece la Vida, hecha de Ágape.

Retiró las manos y las conchas dejaron de brillar. Después escribió mi nombre en el libro que estaba sobre la mesa. En todo el Camino de Santiago sólo vi tres libros donde fue escrito mi nombre: el de Mme. Lawrence, el del padre Jorge y el libro del Poder, donde más tarde yo mismo escribiría mi nombre.

—Se acabó —dijo—. Puedes irte con la bendición de la virgen de Roncesvalles a Santiago de la Espada.

—La Ruta Jacobea está marcada con puntos amarillos, pintados por toda España —dijo el padre, cuando volvíamos al lugar donde se quedó Petrus—. Si en algún momento te perdieras, busca esas marcas —en los árboles, en las piedras, en los señalamientos— y podrás encontrar un lugar seguro.

—Tengo un buen guía.

—Pero procura contar principalmente contigo mismo, para no pasar seis días yendo y viniendo por los Pirineos.

¡Quiere decir que el padre ya sabía la historia!

Llegamos donde estaba Petrus y nos despedimos. Salimos de Roncesvalles en la mañana; la neblina ya había desaparecido por completo. Un camino recto y plano se abría ante nosotros, y comencé a distinguir las marcas amarillas de las que me había hablado el padre Jorge. La mochila estaba un poco más pesada porque compré una garrafa de vino en la taberna, a pesar de que Petrus me había dicho que no era necesario. A partir de Roncesvalles habría centenas de pueblecitos a lo largo del camino y muy pocas veces dormiría a la intemperie.

—Petrus, el padre Jorge me habló de la Segunda Venida de Cristo como si fuese algo que estuviera ocurriendo ya.

—Y siempre está ocurriendo. Ése es el secreto de tu espada.

—Además, dijiste que me encontraría con un brujo y me encontré con un cura. ¿Qué tiene que ver la magia con la Iglesia católica?

Petrus dijo sólo una palabra:

—Todo.

La crueldad

Habíamos caminado durante cinco días seguidos, sólo nos deteníamos para comer y dormir. Petrus continuaba bastante reservado sobre su vida personal, pero indagaba mucho sobre Brasil y sobre mi trabajo. Dijo que mi país le gustaba mucho, porque la imagen que mejor conocía era el Cristo Redentor en el Corcovado, con los brazos abiertos y no torturado en una cruz. Quería saberlo todo y cada cierto tiempo me preguntaba si las mujeres de mi país eran tan bonitas como las de aquí.

Durante el día, el calor era casi insoportable, y en todos los bares y pueblecitos a los que llegábamos las personas se quejaban de la sequía. Debido al calor, dejábamos de caminar entre las dos y las cuatro de la tarde —cuando el sol estaba más caliente— y adoptamos el hábito español de la siesta.

Aquella tarde, mientras descansábamos en mitad de un olivar, un anciano campesino se acercó y nos ofreció un trago de vino. Aun con el calor, el hábito de beber vino formaba parte hacía siglos de la vida de los habitantes de aquella región.

—Allí, exactamente en ese lugar, el Amor fue asesinado —dijo el viejo campesino, apuntando hacia una pequeña ermita enclavada en las rocas.

—¿Y por qué fue asesinado el Amor allí? —pregunté, ya que el viejo estaba queriendo entablar conversación.

—Hace muchos siglos, una princesa que iba por el Camino de Santiago, Felicia de Aquitania, resolvió renunciar a todo y quedarse a vivir aquí, cuando volvió de Compostela. Era el Amor en persona, porque compartió sus bienes con los pobres de la región y cuidaba de los enfermos.

Petrus había encendido su horrible tabaco enrollado, pero a pesar del aire de indiferencia, percibí que estaba atento a la historia del viejo.

—Entonces su hermano, el duque Guillermo, fue enviado por su padre para llevarla de regreso, pero Felicia se rehusó. Desesperado, el duque la apuñaló dentro de la pequeña ermita que se ve a lo lejos y que ella construyó con sus propias manos, para cuidar de los pobres y alabar a Dios.

"Después de recapacitar y darse cuenta de lo que había hecho, el duque fue a Roma a pedir perdón al papa. Éste, como penitencia, lo obligó a peregrinar hasta Compostela; entonces ocurrió algo curioso: al volver, al llegar aquí, sintió el mismo impulso y se quedó a vivir en la ermita que su hermana había construido, cuidando a los pobres hasta los últimos días de su larga vida.

—Ésa es la ley del retorno —se rió Petrus. El campesino no entendió el comentario, pero yo sabía exactamente a qué se refería. Mientras caminábamos, nos habíamos enfrascado en largas discusiones teológicas sobre la relación de Dios con los hombres. Yo había argumentado que en la Tradición existe siempre un vínculo con Dios, pero el camino era completamente distinto del que estábamos siguiendo en la Ruta Jacobea, con curas brujos, gitanos endemoniados y santos milagreros. Todo eso me parecía muy primitivo, demasiado ligado al cristianismo y sin la fascinación y el éxtasis que los Rituales de la Tradición eran capaces de provocarme. Petrus siempre decía que el Camino de Santiago es un camino por donde cualquiera puede pasar, y sólo un camino de este tipo puede llevar hasta Dios.

—Crees que Dios existe y yo también lo creo —dijo Petrus—. Entonces, Dios existe para nosotros, pero aunque alguien no crea en él, no deja de existir, ni por eso la persona que no cree está equivocada.

—¿Entonces Dios está supeditado al deseo y al poder del hombre?

—Cierta vez tuve un amigo que vivía borracho, pero rezaba todas las noches tres avemarías porque su mamá así lo

54

había acostumbrado desde pequeño. Aunque llegara a casa absolutamente borracho, aun cuando no creyera en Dios, mi amigo siempre rezaba los tres avemarías. Cuando murió, en un ritual de la Tradición pregunté al espíritu de los Antiguos dónde estaba mi amigo. El espíritu de los Antiguos respondió que estaba muy bien, rodeado de luz. Sin haber tenido fe durante su vida, su obra —que apenas consistía en las tres oraciones rezadas por obligación y automáticamente— lo había salvado.

"Dios ya estuvo presente en las cavernas y en los truenos de nuestros antepasados; después de que el hombre descubrió que se trataba de fenómenos naturales, pasó a habitar en algunos animales y bosques sagrados. Hubo una época en que Dios sólo existía en las catacumbas de las grandes ciudades de la historia antigua, pero durante todo este tiempo no dejó de fluir en el corazón del hombre en forma de amor.

"Hoy en día. Dios es sólo un concepto, casi probado científicamente, pero cuando llega a este punto, la historia da un vuelco y comienza todo de nuevo. La Ley del Retorno. Cuando el padre Jorge citó la frase de Cristo, diciendo que donde estuviera su tesoro también estaría su corazón, se refería exactamente a eso. Donde desees ver la faz de Dios, la verás; y si no quisieras verla, esto no cambia nada, siempre que obres bien.

"Cuando Felicia de Aquitania construyó la ermita y comenzó a ayudar a los pobres, se olvidó del Dios del Vaticano y Él se manifestó a través suyo en su forma más primitiva y sabia: el Amor. En este punto, el campesino tiene toda la razón cuando dice que el Amor fue asesinado.

Por lo demás, el campesino se sentía a disgusto, incapaz de seguir nuestra conversación.

—La Ley del Retorno funcionó cuando su hermano fue forzado a continuar la obra que había interrumpido. Todo está permitido, menos interrumpir una manifestación de amor. Cuando esto sucede, quien intentó destruir está obligado a volver a construir.

Expliqué que en mi país la Ley del Retorno decía que las deformaciones y enfermedades de los hombres eran castigos por errores cometidos en reencarnaciones pasadas.

—Es una tontería —dijo Petrus—. Dios no es venganza, Dios es amor. Su único castigo consiste en obligar a alguien que interrumpió una obra de amor a continuarla.

El campesino pidió que lo disculpáramos, dijo que se le hacía tarde y que necesitaba volver al trabajo. A Petrus le pareció un buen pretexto para levantarnos y continuar la caminata.

—Esto es hablar de balde —dijo mientras continuábamos por el campo de olivos—. Dios está en todo lo que nos rodea y debe presentirse, vivirse, y estoy aquí tratando de transformarlo en un problema de lógica para que tú lo comprendas. Continúa haciendo el ejercicio de caminar despacio e irás tomando conciencia, cada vez más, de su presencia.

Dos días después debimos subir un monte llamado Alto del Perdón. La subida nos llevó varias horas y, cuando llegamos arriba, vi una escena que me desagradó: un grupo de turistas, con la radio de los automóviles a todo volumen, tomaban baños de sol y bebían cervezas. Habían aprovechado un camino vecinal que llevaba hasta lo alto del monte.

—Así es esto —dijo Petrus—. ¿O acaso pensabas que encontrarías a uno de los guerreros del Cid vigilando desde aquí arriba el próximo ataque de los moros?

Mientras bajábamos, realicé por última vez el Ejercicio de la Velocidad. Estábamos frente a otra planicie inmensa, flanqueada por montes azulados y con una vegetación rastrera quemada por la sequía. Casi no había árboles, tan sólo un terreno pedregoso con algunos espinos. Al finalizar el ejercicio, Petrus me preguntó algo sobre mi trabajo y entonces me di cuenta de que hacía mucho que no pensaba en eso. Mis preocupaciones por los negocios, por lo que había dejado pendiente, habían prácticamente desaparecido. Sólo las recordaba por la noche, y aun así no les concedía mucha importancia. Estaba contento de estar allí, recorriendo el Camino de Santiago.

—En cualquier momento vas a superar a Felicia de Aquitania —bromeó Petrus al comentarle lo que estaba sintiendo. Después, se detuvo y me pidió que dejara la mochila en el suelo.

"Mira alrededor y fija la vista en un punto cualquiera —dijo.

Escogí la cruz de una iglesia que divisaba a lo lejos.

—Mantén tus ojos fijos en ese punto y procura concentrarte sólo en lo que voy a decirte. Aunque sientas cualquier otra cosa distinta, no te distraigas. Haz lo que digo.

Permanecí de pie, relajado, con los ojos fijos en la torre, mientras Petrus se colocaba tras de mí y presionaba la base de mi nuca con un dedo.

—El camino que estás haciendo es el camino del Poder, y sólo se te enseñarán los ejercicios de Poder. El viaje, que antes era una tortura porque tú sólo querías llegar, ahora comienza a transformarse en placer, el placer de la búsqueda y la aventura. Con esto estás alimentando algo muy importante: tus sueños.

"El hombre no puede nunca dejar de soñar. El sueño es el alimento del alma, como la comida es el alimento del cuerpo. Muchas veces, en nuestra existencia, vemos rotos nuestros sueños y frustrados nuestros deseos, pero es preciso continuar soñando, si no nuestra alma muere y Ágape no penetra en ella. Ya se derramó mucha sangre en el campo que está frente a tus ojos, y allí se entablaron algunas de las más crueles batallas de la Reconquista. Quién tenía la razón o la verdad es algo que no tiene importancia: lo importante es saber que ambos bandos estaban librando el Buen Combate.

"El Buen Combate es aquel que se emprende porque nuestro corazón lo pide. En las épocas heroínas, en tiempos de la caballería andante, esto era fácil, pues había mucha tierra bastante por hacer. Sin embargo, en la actualidad el mundo ha cambiado mucho y el Buen Combate fue trasladado de los campos de batalla a nuestro interior.

"El Buen Combate es el que libramos en nombre de nuestros sueños. Cuando estallan en nosotros con todo su vigor

—durante la juventud— tenemos mucho valor, pero aún no hemos aprendido a luchar. Después de mucho esforzarnos, terminamos aprendiendo a luchar y entonces ya no tenemos el mismo valor para combatir. Por eso nos volvemos contra nosotros y nos combatimos a nosotros mismos, y nos transformamos en nuestro peor enemigo. Decimos que nuestros sueños eran infantiles, difíciles de realizar o, simplemente, fruto de nuestro desconocimiento de la realidad de la vida. Matamos nuestros sueños porque tenemos miedo de librar el Buen Combate.

La presión del dedo de Petrus en mi nuca se volvió más intensa. Tuve la impresión de que la torre de la iglesia se transformaba: la silueta de la cruz parecía un hombre con alas, un ángel. Parpadeé y la cruz volvió a ser lo que era.

—El primer síntoma de que estamos matando nuestros sueños es la falta de tiempo —continuó Petrus—. Las personas más ocupadas que conocí en mi vida siempre tenían tiempo para todo. Las que no hacían nada siempre estaban cansadas, no hacían ni el poco trabajo que debían realizar, y se quejaban constantemente de que el día era demasiado corto. En realidad, tenían miedo de librar el Buen Combate.

"El segundo síntoma de la muerte de nuestros sueños son nuestras certezas. Porque no queremos ver la vida como una gran aventura para ser vivida, comenzamos a creernos sabios, justos y correctos en lo poco que le pedimos a la existencia. Miramos más allá de las murallas de nuestra cotidianidad y oímos el ruido de las lanzas que se quiebran, el olor del sudor y de la pólvora, las grandes caídas y las miradas sedientas de conquista de los guerreros, pero nunca sentimos la alegría, la inmensa alegría presente en el corazón de quien está luchando, porque para ellos no importan ni la victoria ni la derrota, sólo librar el Buen Combate.

"Finalmente, el tercer síntoma de la muerte de nuestros sueños es la paz. La vida se convierte en una tarde de domingo y ya no nos pide grandes cosas, ni exige más de lo que queremos dar. Entonces creemos que somos maduros, dejamos de lado las fantasías de la infancia y alcanzamos nuestra realización personal y profesional. Nos sorprende cuando alguien de nuestra edad dice que aún quiere esto o aquello de la vida. Pero en realidad, en lo más íntimo de nuestro corazón, sabemos que lo que sucede es que renunciamos a luchar por nuestros sueños, a librar el Buen Combate.

La torre de la iglesia no cesaba de transformarse y en su lugar parecía surgir un ángel con las alas abiertas. Por más que parpadeara, la figura seguía allí. Tuve ganas de decírselo a Petrus, pero sentí que aún no había acabado.

—Cuando renunciamos a nuestros sueños y encontramos la paz —dijo luego de un rato—, tenemos un pequeño periodo de tranquilidad, pero los sueños muertos comienzan a pudrirse dentro de nosotros y a infestar todo el ambiente en que vivimos. Comenzamos a volvernos crueles con quienes nos rodean y, finalmente, dirigimos esa crueldad contra nosotros. Surgen las enfermedades y las psicosis. Lo que queríamos evitar en el combate —la decepción y la derrota— se convierte en el único legado de nuestra cobardía. Y, un buen día, los sueños muertos y podridos vuelven el aire difícil de respirar y comenzamos a desear la muerte, la muerte que nos libere de nuestras certezas, de nuestras ocupaciones y de aquella terrible paz de las tardes de domingo.

Ahora estaba seguro de estar viendo un ángel y ya no pude seguir las palabras de Petrus. Debió darse cuenta, pues quitó el dedo de mi nuca y dejó de hablar. La imagen del ángel duró algunos instantes y luego desapareció. En su lugar, nuevamente surgió la torre de la iglesia.

Permanecimos en silencio algunos minutos. Petrus lió un cigarro y comenzó a fumar. Saqué de la mochila la garrafa de vino y tomé un trago. Estaba caliente, pero el sabor continuaba siendo el mismo.

—¿Qué viste? —preguntó.

Le conté la historia del ángel. Dije que al principio, cuando parpadeaba, la imagen desaparecía.

—También tienes que aprender a librar el Buen Combate. Ya aprendiste a aceptar las aventuras y los desafíos de la vida, pero sigues queriendo negar lo extraordinario.

Petrus sacó de la mochila un pequeño objeto y me lo entregó. Era un alfiler de oro.

—Esto es un regalo de mi abuelo. En la Orden de RAM, todos los Antiguos poseían un objeto como éste. Se llama "El Punto de la Crueldad". Cuando viste aparecer el ángel en la torre de la iglesia quisiste negarlo porque no era algo a lo que estuvieses acostumbrado. En tu visión del mundo, las iglesias son iglesias y las visiones sólo pueden tenerse en los éxtasis provocados por los Rituales de la Tradición.

Respondí que mi visión debió haber sido efecto de la presión que él ejercía en mi nuca.

—Es verdad, pero eso no cambia nada. El hecho es que rechazaste la visión. Felicia de Aquitania debe haber visto algo semejante y apostó toda su vida a lo que vio; el resultado es que transformó su obra en Amor. Lo mismo debió ocurrirle a su hermano, y lo mismo sucede con todo mundo todos los días: vemos siempre el mejor camino por seguir, pero sólo andamos por el camino al que estamos acostumbrados.

Petrus reemprendió la caminata y yo lo seguí. Los rayos de sol hacían brillar el alfiler en mi mano.

—La única manera de salvar nuestros sueños es siendo generosos con nosotros mismos. Cualquier intento de autocastigo —por más sutil que sea— debe ser tratado con vigor. Para saber cuándo estamos siendo crueles con nosotros mismos, tenemos que transformar en dolor físico cualquier tentativa de dolor espiritual, como culpa, remordimiento, indecisión, cobardía. Transformando un dolor espiritual en dolor físico, sabremos el mal que nos puede causar.

Y Petrus me enseñó *El Ejercicio de la Crueldad*.

—Antiguamente ellos usaban un alfiler de oro para esto —dijo—. Hoy en día las cosas cambiaron, como cambian los paisajes en el Camino de Santiago.

Petrus tenía razón. Vista desde abajo, la planicie aparecía ante mí como una serie de montes.

—Piensa en algo cruel que hayas hecho hoy contigo mismo y ejecuta el ejercicio.

No podía acordarme de nada.

60

El Ejercicio de la Crueldad

Cada vez que pase por su cabeza un pensamiento que considere dañino —celos, autocompasión, sufrimientos de amor, envidia, odio, etc.—, proceda de la siguiente manera:

Clave la uña del índice en el nacimiento de la uña del pulgar hasta que el dolor sea muy intenso. Concéntrese en el dolor: está reflejando en el campo físico el mismo sufrimiento que está experimentando en el campo espiritual. Afloje la presión sólo cuando el pensamiento salga de su cabeza.

Repita cuantas veces sea necesario, aunque sea una y otra vez hasta que el pensamiento lo abandone. El pensamiento volverá cada vez más espaciadamente hasta desaparecer por completo; clave la uña siempre que regrese.

—Siempre es así. Sólo podemos ser generosos con nosotros en los pocos instantes en que necesitamos ser severos.

De repente me acordé que me había considerado un idiota por subir al Alto del Perdón con tanta dificultad, mientras aquellos turistas habían encontrado el camino más fácil. Sabía que no era verdad, que estaba siendo cruel conmigo; los turistas estaban buscando sol y yo estaba en busca de mi espada. No era un idiota y bien podía sentirme como tal. Clavé con fuerza la uña del índice en el nacimiento de la uña del pulgar. Sentí un dolor intenso y, mientras me concentraba en el dolor, la sensación de que era un idiota pasó.

Lo comenté con Petrus y se rió sin decir nada.

Aquella noche pernoctamos en un acogedor hotel de ese pueblito cuya iglesia había visto a lo lejos. Después de cenar, resolvimos dar un paseo por las calles, para hacer la digestión.

—De todas las formas que el hombre encontró para hacerse daño, la peor fue el Amor. Estamos siempre sufriendo por alguien que no nos ama, por alguien que nos dejó, por alguien que no nos quiere dejar. Si estamos solteros es porque nadie nos quiere; si estamos casados transformamos el matrimonio en esclavitud. ¡Qué cosa más terrible! —concluyó malhumorado.

Llegamos hasta una placita, donde estaba la iglesia que había visto. Era pequeña, sin grandes rebuscamientos arquitectónicos, y su campanario se elevaba hacia el cielo. Intenté ver de nuevo al ángel y no logré nada.

Petrus se quedó mirando la cruz en lo alto. Pensé que estaría viendo al ángel, pero no. Luego comenzó a decirme:

—Cuando el Hijo del Padre bajó a la tierra, trajo consigo el Amor, pero, como la humanidad sólo puede entender el Amor como sufrimiento y sacrificio, terminaron crucificándolo. Si así no hubiera sido, nadie creería en su amor, pues todos estaban acostumbrados a sufrir diariamente por sus propias pasiones.

Nos sentamos a la orilla del camino y continuamos mirando la iglesia, pero una vez más fue Petrus quien rompió el silencio.

—¿Sabes qué quiere decir Barrabás, Paulo? *Bar* significa 'hijo' y *Abba*, 'padre'.

Miraba fijamente la cruz del campanario. Sus ojos brillaban y sentí que estaba poseído por algo, tal vez por ese amor del cual hablaba tanto, pero que yo no entendía muy bien.

—¡Cuán sabios son los designios de la gloria divina! —dijo, haciendo que el eco de su voz resonara en la plaza vacía—. Cuando Pilatos pidió que el pueblo escogiese, en realidad no le dio opción. Mostró a un hombre flagelado, en pedazos, y otro hombre, con la cabeza erguida: Barrabás, el revolucionario. Dios sabía que el pueblo enviaría a la muerte al más débil, para que pudiese dar una prueba de su amor.

Y concluyó:

—Y mientras tanto, sea cual fuere la elección, el Hijo del Padre era quien terminaría siendo crucificado.

El Mensajero

"Y aquí, todos los caminos de Santiago se transforman en uno solo."

Era muy temprano por la mañana cuando llegamos a Puente la Reina. La frase estaba escrita en la base de una estatua —un peregrino con traje medieval, sombrero de tres picos, capa, veneras y cayado con cantimplora en la mano— y rememoraba la epopeya de un viaje casi olvidado que Petrus y yo estábamos reviviendo ahora.

Habíamos pasado la noche anterior en uno de los muchos conventos esparcidos por todo el Camino. El hermano portero, quien nos recibió, advirtió que no podíamos cruzar ni una palabra dentro de los muros de la abadía. Un fraile joven nos condujo a nuestras respectivas alcobas, donde había estrictamente lo necesario: una cama dura, sábanas viejas pero limpias, una jarra de agua y una jofaina para la higiene personal. No había drenaje ni agua caliente, y el horario de las comidas estaba indicado detrás de la puerta.

A la hora indicada, bajamos hacia el refectorio. Debido al voto de silencio, los monjes se comunicaban sólo con miradas, y tuve la impresión de que sus ojos brillaban más que los de una persona común. La cena fue servida temprano, en las largas mesas donde nos sentamos con los monjes de hábitos cafés. Desde su lugar, Petrus me hizo una seña y entendí perfectamente qué quería decir: estaba loco por encender un cigarro, pero por lo visto pasaría la noche entera sin satisfacer su deseo. Lo mismo me pasaba a mí y clavé la uña en el nacimiento del pulgar, ya casi en carne viva. El momento

era demasiado hermoso como para cometer cualquier crueldad conmigo mismo.

La cena fue servida: sopa de verduras, pan, pescado y vino.
Todos rezaron y nosotros acompañamos la oración. Mientras co-
míamos, un monje lector leía, con voz monótona, pasajes de una
epístola de San Pablo.

—Dios escogió las cosas locas del mundo para avergon-
zar a los sabios, y escogió las cosas débiles del mundo para
humillar a los fuertes —decía el monje con su voz fina y sin
inflexiones—. Estamos locos por causa de Cristo. Hasta hoy
fuimos considerados la escoria del mundo, los peores de todos. No obstante, el Reino de Dios no está hecho de palabras,
sino de poder.

Las amonestaciones de Pablo a los corintios retumbaron
durante toda la cena en las paredes desnudas del refectorio.

Entramos en Puente la Reina conversando sobre los monjes
de la noche anterior. Le confesé a Petrůs que había fumado a
escondidas en el cuarto, muerto de miedo de que alguien sin-
tiera el olor a tabaco. Se rió y me di cuenta de que quizá hizo
lo mismo.

—San Juan Bautista fue al desierto, pero Jesús se unió a
los pescadores y vivía viajando —dijo—. Prefiero esto.

De hecho, salvo el tiempo pasado en el desierto, el resto
de su vida Cristo la pasó entre los hombres.

—Incluso su primer milagro no fue salvar el alma de alguien, ni curar una enfermedad o expulsar a un demonio, sino transformar agua en excelente vino en una boda, porque
la bebida del dueño de la casa se había terminado.

Al acabar de decir esto, se detuvo de repente. Su movimiento fue tan brusco que yo también me detuve, asustado.
Estábamos ante el puente que da su nombre al poblado. Sin
embargo, Petrus no miraba el camino que debíamos cruzar.
Sus ojos estaban fijos en dos niños que jugaban con una pelota de goma a orillas del río. Tendrían entre ocho y diez
años, y parecían no haber notado nuestra presencia. En vez

de cruzar el puente, Petrus bajó el barranco y se acercó a los chiquillos. Yo, como siempre, lo seguí sin preguntar nada.

Los niños continuaron ignorando nuestra presencia. Petrus se sentó y se quedó contemplando el juego, hasta que la pelota cayó cerca de donde él estaba. Con un movimiento rápido, tomó la pelota y me la lanzó.

Atrapé en el aire la pelota de goma y me quedé esperando lo que sucedería.

Uno de los niños —al parecer el mayor— se acercó. Mi primer impulso fue devolverle la pelota, pero el comportamiento de Petrus había sido tan extraño que decidí intentar averiguar qué pasaba.

—Devuélvame la pelota, señor —dijo el muchacho.

Miré aquella figura pequeña, a dos metros de mí. Noté que había algo de familiar en el niño, el mismo sentimiento que había experimentado cuando me encontré con el gitano.

El muchacho insistió y, viendo que yo no respondía, se agachó y cogió una piedra.

—Déme la pelota o le voy a arrojar esta piedra —dijo.

Petrus y el otro niño me observaban, en silencio. La agresividad del muchacho me irritó.

—Arroja la piedra —respondí—. Si me pega, voy por ti y te doy una paliza.

Sentí que Petrus respiró aliviado. Algo comenzaba a querer surgir en los sitios más recónditos de mi cabeza. Tenía la clara sensación de haber vivido ya esa escena.

El muchacho se asustó con mis palabras. Dejó la piedra en el suelo y buscó otra manera.

—Aquí en Puente la Reina existe un relicario que perteneció a un peregrino muy rico. Veo por la concha y su mochila que ustedes también son peregrinos. Si me regresan la pelota, les doy ese relicario. Está escondido en la arena, en las márgenes de este río.

—Quiero la pelota —dije sin mucha convicción. En realidad lo que yo quería era el relicario y el muchacho parecía decir la verdad; pero tal vez Petrus necesitara aquella pelota para algo y no podía decepcionarlo, era mi guía.

—Señor, usted no necesita esta pelota —dijo el muchacho, casi al borde de las lágrimas—. Usted es fuerte, viajado y conoce el mundo. Yo sólo conozco las márgenes de este río y mi único juguete es esta pelota. Devuélvamela, por favor.

Las palabras del muchacho calaron hondo en mi corazón, pero el ambiente extrañamente familiar, la sensación de que ya había leído o vivido aquella situación hizo que resistiera una vez más.

—No, necesito esta pelota. Te daré dinero para que te compres otra, más bonita; pero ésta es mía.

Cuando acabé de decir esto, el tiempo pareció detenerse. El paisaje en torno mío se transformó, sin que Petrus estuviera presionando con el dedo la base de mi nuca. Por una fracción de segundo me pareció que habíamos sido transportados a un largo y terrorífico desierto ceniciento. Allí no estaban ni Petrus ni el otro muchachito, sólo yo y el niño frente a mí. Era mayor, tenía facciones simpáticas y amigables, pero en sus ojos brillaba algo que me daba miedo.

La visión no duró más de un segundo, al instante estaba de vuelta en Puente la Reina, donde los diversos caminos de Santiago, procedentes de varios puntos de Europa, se transformaban en uno solo. Frente a mí, un niño pedía una pelota y tenía la mirada dulce y triste.

Petrus se acercó, tomó la pelota de mis manos y la devolvió al muchacho.

—¿Dónde está el relicario escondido? —pregunté al niño.

—¿Cuál relicario? —respondió; tomó de la mano a su amigo, corrió alejándose de nosotros y se tiró al agua.

Subimos de nuevo el barranco y finalmente cruzamos el puente. Empecé a hacer preguntas sobre lo sucedido, hablé de la visión del desierto, pero Petrus cambió el tema y dijo que conversaríamos sobre esto cuando estuviéramos un poco lejos de allí.

Media hora más tarde llegamos a un tramo del camino que aún conservaba vestigios del empedrado romano. Allí había otro puente, en ruinas, y nos sentamos para tomar el desayuno que nos dieron los monjes: pan de centeno, yogur y queso de cabra.

—¿Para qué querías la pelota del muchacho? —preguntó Petrus.

Respondí que no quería la pelota, que había actuado así porque él, Petrus, se había comportado de manera extraña. Como si la pelota fuera algo muy importante para él.

—Y de hecho así fue. Hizo que establecieras un contacto victorioso con tu demonio personal.

¿Mi demonio personal? Nunca había oído semejante absurdo en todo el camino. Había pasado seis días yendo y viniendo de los Pirineos, había conocido un cura brujo que no había hecho ninguna brujería y mi dedo estaba en carne viva porque siempre que pensaba algo cruel sobre mí mismo —hipocondría, sentimiento de culpa, complejo de inferioridad— estaba obligado a clavar mi uña en la herida.

En este punto, Petrus tenía razón: los pensamientos negativos habían disminuido considerablemente, pero esta historia del demonio personal era algo de lo que nunca antes había oído hablar y que no me tragaría tan fácilmente.

—Hoy, antes de cruzar el puente, sentí intensamente la presencia de alguien que trataba de advertirnos sobre algo, pero el aviso era más para ti que para mí. Dentro de poco habrá una lucha y necesitas librar el Buen Combate.

"Cuando no se conoce al demonio personal, éste acostumbra manifestarse en la persona más cercana. Miré en derredor y vi a los niños jugando, y deduje que era allí donde debía de darse el aviso. Pero era hacerle caso a sólo una corazonada; tuve la certeza de que era tu demonio personal cuando te rehusaste a devolver la pelota.

Le dije que había hecho eso porque pensaba que era lo que él quería.

—¿Por qué yo? Nunca dije nada.

Comencé a sentirme un poco mareado, tal vez fuera la comida, que estaba devorando luego de casi una hora de caminar en ayunas. Al mismo tiempo, no me abandonaba la sensación de que el muchacho me era familiar.

—Tu demonio personal te tentó de tres maneras clásicas: con una amenaza, con una promesa y con tu lado débil. Felicidades: resististe valientemente.

Entonces recordé que Petrus le había preguntado al muchacho sobre el relicario. En ese momento pensé que el niño había intentado engañarme, pero, de cualquier forma, tenía que haber un relicario allí, escondido: un demonio nunca hace promesas falsas.

—Si el niño no se acordó del relicario fue porque tu demonio personal ya se había ido.

Y añadió sin pestañear:

—Es hora de llamarlo de nuevo. Lo vas a necesitar.

Estábamos sentados en el viejo puente en ruinas. Petrus juntó cuidadosamente los restos de comida y guardó todo dentro de la bolsa de papel que los monjes nos dieron. Frente a nosotros los trabajadores comenzaban a llegar al campo para su labor, pero estaban tan lejos que no podía oír lo que decían. El terreno estaba completamente ondulado y las tierras cultivadas formaban misteriosos dibujos en el paisaje. Bajo nuestros pies, la corriente de agua, casi muerta por la sequía, no hacía mucho ruido.

—Antes de salir al mundo. Cristo fue a conversar con su demonio personal al desierto —dijo Petrus—. Aprendió lo que debía saber sobre el hombre, pero no dejó que el demonio dictara las reglas del juego y así lo venció.

"Cierta vez, un poeta dijo que ningún hombre era una isla. Para librar el Buen Combate necesitamos ayuda. Necesitamos amigos, y cuando éstos no están cerca debemos transformar la soledad en nuestra arma principal. Todo lo que nos rodea tiene que ayudarnos a dar los pasos necesarios rumbo a nuestro objetivo. Todo tiene que ser una manifestación personal de nuestra voluntad de vencer en el Buen Combate. Sin esto, sin advertir que necesitamos de todos y de todo, seremos guerreros arrogantes y nuestra arrogancia nos derrotará al final, porque vamos a tener tal seguridad en nosotros mismos que no vamos a descubrir las trampas del campo de batalla.

La historia de guerreros y combates me recordó una vez más a Don Juan de Carlos Castaneda. Me pregunté si el viejo brujo indio acostumbraba dar lecciones por la mañana, antes de que su discípulo pudiera digerir el desayuno. Pero Petrus continuó:

—Además de las fuerzas físicas que nos rodean y nos ayudan, existen básicamente dos fuerzas espirituales junto a nosotros: un ángel y un demonio. El ángel nos protege siempre y esto es un don divino —no es necesario invocarlo—. El rostro de tu ángel está siempre visible cuando ves el mundo con buenos ojos. Es este riachuelo, los trabajadores en el campo, este cielo azul, aquel viejo puente que nos ayuda a atravesar el agua, y que fue colocado aquí por manos anónimas de legionarios romanos; también en este puente está el rostro de tu ángel. Nuestros abuelos lo conocían como ángel guardián, ángel de la guarda, ángel custodio.

"El demonio también es un ángel, pero es una fuerza libre, rebelde. Prefiero llamarlo Mensajero, pues es el principal eslabón entre tú y el mundo. En la Antigüedad era representado por Mercurio, por Hermes Trimegisto, el 'Mensajero de los dioses'. Sólo actúa en el plano material. Está presente en el oro de la Iglesia, porque el oro viene de la tierra y la tierra es su dominio. Está presente en nuestro trabajo y nuestra relación con el dinero. Cuando lo dejamos suelto, tiende a dispersarse. Cuando lo exorcizamos, perdemos todo lo bueno que tiene para enseñarnos, pues conoce mucho del mundo y de los hombres. Cuando nos fascinamos ante su poder, nos posee y nos aparta del Buen Combate.

"Por tanto, la única manera de lidiar con nuestro Mensajero es aceptándolo como amigo, oyendo sus consejos, pidiendo su ayuda cuando sea necesaria, pero nunca dejando que imponga las reglas. Como lo hiciste con el muchacho. Para ello es necesario, primero, que sepas lo que quiere y, luego, que conozcas su faz y su nombre.

—¿Cómo voy a saber todo eso? —pregunté.

Y Petrus me enseñó *El Ritual del Mensajero*.

El Ritual del Mensajero

1. Siéntese y relájese por completo. Deje vagar su mente por dondequiera, que el pensamiento fluya sin control. Luego de algún tiempo, comience a repetirse: "Ahora estoy relajado y mis ojos duermen el sueño del mundo".

2. Cuando sienta que su mente ya no se preocupa por nada, imagine una columna de fuego a su derecha. Avive las llamas, que brillen. Entonces repita en voz baja: Ordeno que mi subconsciente se manifieste. "Que se abra para mí y revele sus secretos mágicos".

Espere un poco, concentrándose sólo en la columna de fuego. Si surgiese alguna imagen, será una manifestación de su subconsciente. Procure recordarla.

3. Mantenga siempre la columna de fuego a su derecha, ahora comience a imaginar otra columna de fuego a su izquierda. Cuando las llamas se hubieren avivado bastante, diga en voz baja las siguientes palabras: "Que la fuerza del Cordero, que se manifiesta en todo y en todos, se manifieste también en mí al invocar a mi Mensajero: (diga el nombre del mensajero) aparecerá ante mí ahora".

4. Platique con su Mensajero, que deberá manifestarse entre ambas columnas. Plantee su problema específico, pida consejos y dele las órdenes necesarias.

5. Al acabar su conversación, despida al Mensajero con las siguientes palabras: "Agradezco al Cordero el milagro que realicé. Que (nombre del Mensajero) vuelva siempre que fuere invocado, y mientras esté distante, me ayude a realizar mi obra".

Nota: En la primera invocación —o en las primeras invocaciones, dependiendo de la capacidad de concentración de quien esté realizando el Ritual—, no se nombra al Mensajero. Sólo se dice "Él". Si el Ritual fuese bien ejecutado, el Mensajero debe revelar de inmediato su nombre mediante telepatía. De no ser así, insista hasta que consiga saber este nombre y sólo entonces inicie las conversaciones. Cuanto más se repita el Ritual, más fuerte será la presencia del Mensajero y más rápidas serán sus acciones.

—Espera la noche para realizarlo, porque es más fácil. Hoy, en tu primer encuentro, él te revelará su nombre. Este nombre es secreto y jamás debe conocerlo nadie, ni yo. Quien sepa el nombre de tu Mensajero, puede destruirlo.

Petrus se levantó y comenzamos a caminar. En poco tiempo llegamos al campo donde los campesinos trabajaban la tierra. Nos dijimos "buenos días" y seguimos caminando.

—Si tuviera que utilizar una imagen, diría que el ángel es tu armadura y el Mensajero, tu espada. Una armadura protege en cualquier circunstancia, pero una espada puede caer en medio de un combate, matar a un amigo o volverse contra el propio dueño. Una espada sirve para casi todo, menos para sentarse en ella —dijo, soltando una sonora carcajada.

Nos detuvimos en una aldea para almorzar y el muchacho que nos atendió estaba visiblemente de mal humor. No respondía a nuestras preguntas, nos sirvió la comida de mal modo y al final derramó un poco de café en las bermudas de Petrus. Entonces vi cómo mi guía se transformaba: enfurecido, fue a llamar al dueño mientras despotricaba contra la falta de educación del muchacho. Terminó yendo al baño a ponerse las otras bermudas, mientras el dueño lavaba la mancha de café y tendía la pieza para que se secara.

Mientras esperábamos que el sol de las dos de la tarde cumpliese su papel en las bermudas de Petrus, pensaba en todo lo que habíamos platicado por la mañana. Es verdad que la mayoría de lo que Petrus dijo sobre el niño coincidía. Además, tuve la visión de un desierto y un rostro. Pero esa historia del Mensajero me parecía muy primitiva, estábamos en pleno siglo XX y conceptos como infierno, pecado y demonio ya no tenían el menor sentido para nadie con un poco de inteligencia. En la Tradición, cuyas enseñanzas yo había seguido durante mucho más tiempo que el Camino de Santiago, el Mensajero —llamado simplemente demonio, sin prejuicios— era un espíritu que dominaba las fuerzas de la Tierra y que estaba siempre en favor del hombre. Era muy utilizado en Obras Mágicas, pero nunca como aliado ni consejero en lo cotidiano. Petrus había dado a entender que yo podría aprovechar la amistad del Mensajero para mejorar en el trabajo y en el mundo. Además de profana, la idea me parecía infantil.

Pero yo había jurado obediencia total a Mme. Lawrence y una vez más tuve que clavarme una uña en el nacimiento del pulgar, en carne viva.

—No debí haberme exaltado —dijo Petrus después de salir—. Al final de cuentas, él no tiró la taza sobre mí, sino sobre el mundo que odia. Sabe que existe un mundo gigantesco, más allá de las fronteras de su propia imaginación y su participación en este mundo se limita a despertarse temprano, ir a la panadería, servir a quien pase y masturbarse por las noches, soñando con mujeres que nunca conocerá.

Era hora de hacer un alto para la siesta, pero Petrus decidió seguir caminando. Dijo que era una manera de hacer penitencia por su intolerancia. Yo, que nada había hecho, debí acompañarlo bajo aquel sol fuerte. Pensaba en el Buen Combate y en los millones de personas dispersas por el mundo que, en ese instante, estaban haciendo cosas que no querían hacer. El Ejercicio de la Crueldad, a pesar de estarme dejando el dedo en carne viva, me hacía mucho bien. Me hizo darme cuenta de lo traicionera que podía ser mi mente al empujarme a hacer cosas que no quería y al hacerme abrigar sentimientos que no me ayudaban. En ese momento quise que Petrus tuviera razón: que existiera realmente el Mensajero, con quien podría hablar de cosas prácticas y pedirle ayuda en los asuntos del mundo. Esperé con ansia que llegara la noche.

Mientras tanto, Petrus no dejaba de hablar sobre el muchacho. Terminó convenciéndose de que había actuado correctamente; para ello se sirvió, una vez más, de un argumento cristiano.

—Cristo perdonó a la mujer adúltera, pero maldijo a la higuera que no quiso darle su fruto. Yo tampoco estoy aquí para hacer siempre el papel de víctima.

Listo, en su mente, el asunto estaba resuelto. Una vez más la Biblia lo había salvado.

Llegamos a Estella casi a las nueve de la noche. Tomé un baño y bajamos a cenar. El autor de la primera guía de la Ruta Jacobea, Aymeric Picaud, describió Estella como "un lugar fértil y con buen pan, excelente vino, carne y pescado. Su río Ega tiene agua dulce, sana y muy buena". No bebí agua del río, pero en cuanto a la mesa, Picaud seguía teniendo razón, aun después de ocho siglos. Sirvieron pierna de carnero guisada, corazones de alcachofa y un vino riojano de excelente cosecha. Nos quedamos en la mesa durante largo tiempo, conversando trivialidades y saboreando el vino. Finalmente, Petrus anunció que era un buen momento para tener mi primer contacto con el Mensajero.

Nos levantamos y comenzamos a andar por las calles de la ciudad. Algunos callejones daban directamente al río —como en Venecia— y fue en uno de esos callejones donde decidí sentarme. Petrus sabía que de allí en adelante era yo quien conducía la ceremonia y se quedó un poco atrás.

Me quedé mirando el río durante mucho tiempo. Sus aguas y el rumor de su torrente comenzaron a desconectarme del mundo y a inspirarme una profunda calma. Cerré los ojos e imaginé la primera columna de fuego. Hubo un momento de cierta dificultad, pero al final apareció.

Dije las palabras rituales y la otra columna surgió a mi izquierda. El espacio entre ambas columnas, iluminado por el fuego, estaba completamente vacío. Permanecí durante algún tiempo con los ojos fijos en aquel espacio, tratando de no pensar, para que el Mensajero se manifestara. Pero, en vez de esto comenzaron a aparecer imágenes exóticas —la entrada de una pirámide, una mujer vestida de oro puro, algunos hombres negros danzando alrededor de una hoguera. Las imágenes iban y venían en rápida sucesión y dejé que fluyeran sin control. También aparecieron muchos trechos del Camino que había hecho con Petrus. Paisajes, restaurantes, bosques; hasta que, sin avisar, el desierto ceniciento que vi en la mañana se extendió entre las dos columnas de fuego, y allí, mirándome, estaba el hombre simpático con un brillo traicionero en los ojos.

Se rió y yo sonreí en mi trance. Me mostró una bolsa cerrada, después la abrió y miró adentro —pero en la posición que yo estaba no pude ver nada—. Entonces, un nombre vino a mi mente: Astrain.[1] Comencé a mentalizar este nombre, a vibrarlo entre ambas columnas de fuego, y el Mensajero hizo una seña afirmativa con la cabeza; había descubierto cómo se llamaba.

Era el momento de dar por terminado el ejercicio. Dije las palabras rituales y extinguí las columnas de fuego —primero la izquierda, después la derecha—. Abrí los ojos y el río Ega estaba ante mí.

—Fue mucho menos difícil de lo que imaginaba —dije a Petrus, después de contarle todo lo sucedido entre las columnas.

—Éste fue tu primer contacto. Un contacto de reconocimiento mutuo y de mutua amistad. La conversación con el Mensajero será productiva si lo invocas todos los días, si discutes tus problemas con él y si sabes distinguir perfectamente la ayuda real del engaño. Mantén siempre tu espada lista cuando te encuentres con él.

—Pero aún no tengo espada —respondí.

—Por eso, él podrá causarte muy poco daño. Aun así, es bueno no facilitarle las cosas.

El ritual había acabado, me despedí de Petrus y volví al hotel. Bajo las sábanas, pensaba en el pobre muchacho que nos había servido la comida. Tenía ganas de regresar, de enseñarle el Ritual del Mensajero y decirle que todo podía cambiar si él lo deseara. Pero era inútil intentar salvar al mundo: aún no había conseguido ni siquiera salvarme a mí mismo.[2]

---

[1] Nombre falso.

[2] Nota del autor: el Ritual del Mensajero está descrito de manera incompleta. En realidad, Petrus me habló del significado de las visiones, de los recuerdos y de la bolsa que Astrain me mostró. Por otra parte, como el Encuentro con el Mensajero es diferente para cada persona, insistir en mi vivencia personal sería influir de manera negativa en la experiencia de cada quien.

El amor

—Conversar con el Mensajero no significa que te la pases preguntando cosas sobre el mundo de los espíritus —dijo Petrus al día siguiente—. El Mensajero te sirve sólo para esto: ayuda en el mundo material. Sólo te dará esta ayuda si sabes exactamente qué deseas.

Habíamos parado en un poblado para beber alguna cosa. Petrus pidió una cerveza y yo un refresco. La parte inferior de mi vaso era redonda, de plástico con agua coloreada dentro. Mis dedos dibujaban figuras abstractas con las marcas de agua y yo estaba preocupado.

—Me dijiste que el Mensajero se había manifestado en el niño porque necesitaba decirme algo.

—Algo urgente —confirmó Petrus.

Continuamos conversando sobre Mensajeros, ángeles y demonios. Me resultaba difícil aceptar un uso tan práctico de los misterios de la Tradición. Petrus insistía en la idea de que tenemos siempre que buscar una recompensa y recordaba que Jesús dijo que los ricos no entrarían en el reino de los cielos.

—Jesús también recompensó al hombre que supo multiplicar los talentos de su amo. Además, no creyeron en él sólo porque fuera un buen orador: necesitó hacer milagros, recompensar a quienes lo seguían.

—Nadie va a hablar mal de Jesús en mi bar —interrumpió el dueño, que estaba siguiendo nuestra plática.

—Nadie está hablando mal de Jesús —respondió Petrus—. Hablar mal de Jesús es cometer pecado invocando su nombre. Como ustedes hicieron en esta plaza.

El dueño del bar vaciló un instante, pero enseguida replicó:

—Yo no tuve nada que ver con eso; aún era un niño.

—Los culpables son siempre los otros —refunfuñó Petrus. El dueño del bar salió por la puerta de la cocina. Pregunté de qué hablaban.

—Hace cincuenta años, en pleno siglo XX, un gitano fue quemado ahí enfrente, acusado de brujería y de blasfemar contra la santa hostia. El asunto quedó como cosa perdida ante las atrocidades de la guerra civil española, y hoy nadie se acuerda de él, excepto los habitantes de este pueblo.

—¿Cómo sabes esto, Petrus?

—Porque yo ya recorrí el Camino de Santiago.

Continuamos bebiendo en el bar solitario. Hacía mucho sol allá afuera y era hora de nuestra siesta. Al poco tiempo, el dueño del bar volvió con el párroco de la aldea.

—¿Quiénes son ustedes? —preguntó el padre.

Petrus mostró la venera dibujada en la mochila.

Durante mil doscientos años los peregrinos han pasado por el camino frente al bar y la tradición es que cada peregrino sea respetado y acogido en cualquier circunstancia. El padre cambió pronto de tono.

—¿Cómo es que peregrinos del Camino de Santiago hablan mal de Jesús? —preguntó en un tono más catequizante.

—Nadie habló mal de Jesús. Estábamos hablando mal de los crímenes cometidos en su nombre. Como el del gitano que fue quemado en la plaza.

La venera de la mochila de Petrus influyó para que cambiara también el tono del dueño del bar. Esta vez se dirigió a nosotros con respeto.

—La maldición del gitano permanece hasta hoy —dijo bajo la mirada de reprobación del padre.

Petrus insistió en saber cómo. El padre dijo que eran historias del pueblo, sin apoyo de la Iglesia, pero el dueño del bar prosiguió:

—Antes de que muriera el gitano, dijo que el niño más pequeño de la aldea recibiría en él sus demonios. Cuando este niño envejeciera o muriese, los demonios pasarían a otro niño. Y así, por los siglos de los siglos.

—Esta tierra es igual que la de las aldeas de los alrededores —dijo el padre—. Cuando ellos sufren por la sequía, nosotros también sufrimos. Cuando allá llueve y hay buena cosecha, nosotros también llenamos nuestros graneros. Nada nos sucede que no haya sucedido también a las aldeas vecinas. Esta historia no es más que una gran fantasía.

—No sucedió nada porque nosotros aislamos la Maldición —dijo el dueño del bar.

—Pues entonces, vamos a ella—respondió Petrus. El padre se rió y dijo que así se hablaba. El dueño del bar hizo la señal de la cruz, pero ninguno de los dos se movió.

Petrus pagó la cuenta e insistió en que alguien nos llevara con aquella persona que recibió la Maldición. El padre se disculpó diciendo que debía volver a la iglesia, pues había interrumpido un trabajo importante, y salió antes de que alguien nos pudiera decir cualquier cosa.

El dueño del bar miró con miedo a Petrus.

—No se preocupe —dijo mi guía—. Basta con que nos muestre la casa donde él vive y trataremos de liberar al pueblo de la maldición.

El dueño del bar salió con nosotros a la calle polvorienta y relumbrante bajo el candente sol de la tarde. Caminamos juntos hasta la salida del poblado y nos señaló una casa apartada, a la orilla del Camino.

—Siempre mandamos comida, ropa, todo lo necesario —se disculpó—. Ni siquiera el padre va allá.

Nos despedimos y caminamos hacia la casa. El viejo se quedó esperando, tal vez creyó que pasaríamos de largo, pero Petrus se dirigió a la puerta y tocó. Cuando miré hacia atrás, el dueño del bar había desaparecido.

Abrió la puerta una mujer de aproximadamente sesenta años. Junto a ella un enorme perro negro movía la cola, parecía contento con la visita. La mujer preguntó qué queríamos; dijo que estaba ocupada lavando ropa y que había dejado algunas ollas en el fuego. No pareció sorprenderse con nuestra visita. Deduje que muchos peregrinos, que no sabían de la maldición, debieron de haber tocado esa puerta en busca de abrigo.

—Somos peregrinos camino a Compostela y necesitamos un poco de agua caliente —dijo Petrus—. Sé que usted no nos la negará.

A regañadientes, la mujer abrió la puerta. Entramos en una pequeña sala, pobremente amueblada, pero limpia. Había un sofá con el forro de plástico rasgado, una mesa de formaica con dos sillas y una vitrina, y encima de ésta una imagen del Sagrado Corazón de Jesús, algunos santos y un crucifijo de espejos. Dos puertas daban a la salita, por una podía entrever el cuarto. La mujer condujo a Petrus por la otra, que daba a la cocina.

—Tengo un poco de agua hirviendo —dijo ella—. Voy por una vasija y luego pueden irse por donde vinieron.

Me quedé solo con el inmenso perro en la sala. Movía la cola, contento y dócil. Al poco rato, la mujer volvió con una vieja lata, la llenó de agua caliente y se la pasó a Petrus.

—Listo. Vayan con la bendición de Dios.

Pero Petrus no se movió, sacó una bolsita de té de la mochila, la colocó dentro de la lata y dijo que le gustaría compartir lo poco que tenía con ella, en agradecimiento por la acogida.

La mujer, visiblemente contrariada, trajo dos tazas y se sentó con Petrus en la mesa de formaica. Continué mirando al perro, mientras escuchaba la conversación de los dos.

—En el pueblo me dijeron que había una maldición sobre esta casa —comentó Petrus en un tono casual. Sentí que los ojos del perro brillaron, como si también hubiera entendido la conversación. La mujer se puso en pie de inmediato.

—¡Es mentira! ¡Es una superstición antigua! Por favor, acabe pronto su té que tengo mucho qué hacer.

El perro sintió el súbito cambio de humor de la mujer. Se quedó inmóvil, en estado de alerta. Pero Petrus continuaba con la misma tranquilidad del principio. Colocó lentamente el té en la taza, la llevó a sus labios y la regresó a la mesa sin beber una gota.

—Está muy caliente —dijo—. Vamos a esperar a que se enfríe un poco.

La mujer ya no se sentó. Estaba visiblemente disgustada con nuestra presencia y arrepentida de haber abierto la puerta. Notó que yo estaba mirando fijamente al perro, y lo llamó junto a ella. El animal obedeció, pero cuando llegó cerca de ella volteó a mirarme.

—Fue por eso, mi querido Petrus —dijo, mirándome—. Fue por eso que el Mensajero apareció ayer en el niño.

De repente me di cuenta de que no era yo quien miraba al perro. Desde que entré, aquel animal me hipnotizó y mantuvo mis ojos fijos en los suyos. Era el can el que me miraba haciendo que cumpliera su voluntad. Comencé a sentir mucha pereza, unas ganas de dormir en aquel sofá rasgado, porque hacía mucho calor afuera y no tenía ganas de caminar. Todo eso me parecía extraño y tuve la sensación de estar cayendo en una trampa. El perro me miraba fijamente y, mientras más me miraba, más sueño tenía.

—Vamos —dijo Petrus, levantándose y ofreciéndome la taza de té—, toma un poco, porque la señora desea que ya nos vayamos.

Vacilé, pero conseguí tomar la taza y el té caliente me reanimó. Quería decir algo, preguntar el nombre del animal, pero mi voz no salía. Algo dentro de mí había despertado, algo que Petrus no me había enseñado, pero que comenzaba a manifestarse. Era un deseo incontrolable de decir palabras extrañas, cuyo significado ni yo mismo conocía. Me di cuenta de que Petrus había puesto algo en el té. Todo parecía distante y tenía sólo una vaga noción de que la mujer le decía a Petrus que debíamos irnos. Sentí un estado de euforia y decidí decir en voz alta las palabras extrañas que me pasaban por la mente.

Todo lo que podía percibir en esa sala era al perro.

Cuando comencé a decir aquellas palabras extrañas, que ni yo entendía, noté que el can comenzaba a gruñir. Estaba entendiendo; me emocioné aún más y seguí hablando cada vez más alto. El perro se levantó y mostró los dientes. Ya no era el animal dócil que encontré al llegar, sino uno ruin y amenazador, que podía atacarme en cualquier momento.

81

Sabía que las palabras me protegían y comencé a hablar cada vez más alto, dirigiendo toda mi fuerza hacia el perro, sintiendo que dentro de mí había un poder diferente y que este poder impedía que el animal me atacase.

A partir de entonces, todo empezó a suceder como en cámara lenta. Noté que la mujer se acercaba a mí gritando e intentaba empujarme hacia fuera, y que Petrus agarraba a la mujer, pero que el perro no prestaba la menor atención al forcejeo de los dos. Estaba con los ojos fijos en mí y se levantó gruñendo y mostrando los dientes.

Intento comprender la lengua extraña en que estoy hablando, pero siempre que me detengo buscando algún sentido, el poder disminuye y el perro se aproxima, se vuelve más fuerte. Entonces comienzo a gritar sin preocuparme por entender y la mujer empieza a gritar también. El perro ladra amenazándome, pero mientras siga hablando estaré seguro. Oigo una gran carcajada, pero no sé si existe o es fruto de mi imaginación.

De repente, como si todo sucediera al mismo tiempo, la casa fue sacudida por un ventarrón; el perro dio un gran aullido y se abalanzó sobre mí. Levanté el brazo para protegerme el rostro, grité una palabra y esperé el impacto.

El perro se arrojó sobre mí con todo su peso y me derrumbó en el sofá de plástico. Durante algunos instantes nuestros ojos se quedaron fijos de manera recíproca y de repente salió corriendo.

Comencé a llorar abundantemente. Me acordé de mi familia, de mi mujer y mis amigos. Sentí una gigantesca sensación de amor, una alegría inmensa y absurda, porque al mismo tiempo estaba consciente de todo lo que sucedió con el perro. Petrus me tomó por un brazo y me llevó afuera mientras la mujer nos empujaba. Miré alrededor y ya no había señales del perro. Me abracé a Petrus y continué llorando, mientras caminábamos bajo el sol.

No recuerdo aquella caminata, sólo volví en mí cuando, sentado en una fuente, Petrus me arrojó agua a la cara y en la nuca. Le pedí un trago y dijo que si bebía cualquier cosa vomitaría. Estaba un poco mareado, pero me sentía bien. Un inmenso amor por todo y por todos se apoderó de mí. Miré a mi alrededor y vi los árboles bordeando la carretera, la fuentecita donde nos detuvimos, sentí la brisa fresca y oí el canto de los pajarillos del monte. Estaba viendo el rostro de mi ángel, tal como Petrus había dicho. Pregunté si estábamos lejos de la casa de la mujer, dijo que habíamos andado más o menos quince minutos.

—Quizá quieras saber qué sucedió —dijo.

En realidad no tenía la menor importancia. Estaba feliz con aquel amor inmenso que me había invadido. El perro, la mujer, el dueño del bar, todo eso era un recuerdo distante que parecía no guardar ninguna relación con lo que estaba sintiendo ahora. Le dije a Petrus que me gustaría caminar un poco porque me sentía bien.

Me puse de pie y retomamos el Camino de Santiago. Durante el resto de la tarde no hablé casi nada, sumergido en aquel sentimiento agradable que parecía ocuparlo todo. De vez en cuando pensaba que Petrus había colocado alguna droga en el té, pero esto no tenía la menor importancia. Lo importante era ver los montes, los riachuelos, las flores en la carretera, los trazos gloriosos del rostro de mi ángel.

Llegamos a un hotel a las ocho de la noche y yo continuaba —aunque en menor intensidad— en aquel estado de beatitud. El dueño me pidió el pasaporte para el registro y se lo entregué.

—¿Usted es de Brasil? Yo ya estuve allí. Me hospedé en un hotel en la playa de Ipanema.

Aquella frase absurda me devolvió a la realidad. En plena Ruta Jacobea, en una aldea construida hacía ya muchos siglos, había un hotelero que conocía la playa de Ipanema.

—Estoy listo para conversar —dije a Petrus—. Necesito saber todo lo que pasó hoy.

La sensación de beatitud había pasado. En su lugar surgía de nuevo la Razón, con sus temores a lo desconocido, con la urgente y absoluta necesidad de poner de nuevo los pies en la tierra.

—Después de cenar —respondió.

Petrus pidió al dueño del hotel que encendiera el televisor, pero que lo dejara sin sonido. Dijo que era la mejor manera de que yo escuchara todo sin hacer muchas preguntas, porque una parte de mí estaría mirando lo que aparecía en la pantalla. Preguntó hasta dónde me acordaba de lo ocurrido, le respondí que recordaba todo, menos la parte en que caminamos hacia la fuente.

—Eso no tiene la menor importancia —respondió él. En el televisor comenzaron a pasar un filme sobre algo relacionado con minas de carbón. La gente usaba ropa de principios de siglo.

—Ayer, cuando presentí la urgencia de tu Mensajero, sabía que estaba por iniciarse un combate en el Camino de Santiago. Estás aquí para encontrar tu espada y aprender las Prácticas de RAM, pero siempre que un guía conduce a un peregrino existe por lo menos una circunstancia que escapa al control de ambos y que constituye una especie de prueba práctica de lo que se esté enseñando. En tu caso, fue el encuentro con el perro.

"Los detalles de la lucha y por qué tantos demonios en un animal te lo explicaré más adelante. Lo importante ahora es que entiendas que aquella mujer ya estaba acostumbrada a la maldición. La había aceptado como si fuera una cosa normal y la mezquindad del mundo le parecía buena. Aprendió a satisfacerse con muy poco, cuando la vida es generosa y siempre quiere darnos mucho.

"Cuando expulsaste los demonios de aquella pobre mujer, también desequilibraste su universo. Otro día conversamos sobre las crueldades que las personas son capaces de cometer consigo mismas; con frecuencia, cuando intentamos mostrar el bien, que la vida es generosa, ellas rechazan la idea como si fuese cosa del demonio. A nadie le gusta pedir mucho a la vida, porque tiene miedo de la derrota, pero quien desea librar el Buen Combate debe mirar el mundo como si fuera un tesoro inmenso que está allí esperando ser descubierto y conquistado.

Petrus me preguntó si sabía qué estaba haciendo allí, en el Camino de Santiago.

—Estoy en busca de mi espada —respondí.

—¿Y para qué quieres tu espada?

—Porque me traerá el Poder y la Sabiduría de la Tradición.

Sentí que mi respuesta no le había agradado del todo, pero prosiguió:

—Estás aquí en busca de una recompensa. Te atreves a soñar y estás haciendo lo posible por transformar este sueño en realidad. Necesitas saber mejor qué harás con tu espada y debe quedar claro antes de llegar hasta ella. Sin embargo, tienes algo a tu favor: estás en busca de una recompensa. Estás haciendo el Camino de Santiago sólo porque deseas ser recompensado por tu esfuerzo. Ya me di cuenta de que has aplicado todo lo que te he enseñado buscando un fin práctico. Esto es muy positivo.

"Sólo falta que consigas unir las Prácticas de RAM con tu propia intuición. El lenguaje de tu corazón determinará la manera correcta de descubrir y manejar tu espada. De no ser así, los ejercicios y las Prácticas de RAM se perderán en la sabiduría inútil de la Tradición.

Petrus ya me había dicho eso antes de manera diferente, y concordé con él, pero no era eso lo que me interesaba saber. Habían sucedido dos cosas que no lograba explicar: la lengua diferente en que hablé y la sensación de alegría y amor, después de haber expulsado al perro.

—La sensación de alegría se debió a que su acción fue tocada por Ágape.

—Hablas mucho de Ágape y hasta ahora no me has explicado bien qué es. Tengo la sensación de que es algo relacionado con una forma mayor de amor.

—Eso es exactamente. Dentro de poco llegará el momento de experimentar este amor intenso; ese amor que devora a quien ama. Mientras tanto, conténtate con saber que se manifiesta libremente en ti.

—Yo ya tuve esta sensación antes, sólo que más breve y de manera diferente. Sucedía después de una victoria profesional, de una conquista o cuando presentía que la suerte estaba siendo generosa conmigo. Por otra parte, cuando esta sensación aparecía, me paralizaba y sentía miedo de vivirla intensamente, como si esta alegría pudiera despertar la envidia de los otros o como si fuese indigno de recibirla.

—Todos reaccionamos así antes de conocer a Ágape —dijo con los ojos fijos en la pantalla del televisor.

Entonces le pregunté sobre la lengua en que hablé.

—Eso fue una sorpresa para mí. No es una Práctica del Camino de Santiago. Se trata de un Carisma y forma parte de las Prácticas de RAM en el Camino de Roma.

Ya había oído hablar sobre los Carismas, pero le pedí a Petrus que me lo explicara mejor.

—Los Carismas son dones del Espíritu Santo que se manifiestan en las personas. Existe una diversidad de ellos: el don de la cura, el don de los milagros, el don de la profecía, entre otros. Tú experimentaste el Don de Lenguas, el mismo que los apóstoles experimentaron el día de Pentecostés.

"El Don de Lenguas está vinculado a la comunicación directa con el Espíritu. Sirve para oraciones poderosas, exorcismos —como te ocurrió— y sabiduría. Quizá los días de caminata y las Prácticas de RAM, además del peligro que el perro representaba para ti despertaron el Don de Lenguas. Ya no volverá a presentarse, a no ser que encuentres tu espada y decidas seguir el Camino de Roma. De cualquier forma, fue un buen presagio.

Me quedé mirando el televisor sin sonido. La historia de las minas de carbón se había transformado en una serie de imágenes de hombres y mujeres hablando sin parar, discutiendo, conversando. De vez en cuando, un actor y una actriz se besaban.

—Algo más —dijo Petrus—. Puede ser que vuelvas a encontrarte al perro; en este caso, no intentes despertar de nuevo el Don de Lenguas, porque no volverá. Confía en lo que te dicte la intuición. Te enseñaré la otra Práctica de RAM, que despertará esta intuición. De esta forma empezarás a conocer el lenguaje secreto de tu mente y te será muy útil en todo momento de tu vida.

Petrus apagó el televisor, justo cuando comenzaba a interesarme en la trama. Después fue al bar y pidió una botella de agua mineral. Bebimos una poca y llevó el sobrante para afuera.

Nos sentamos al aire libre y durante algunos instantes nadie dijo nada. El silencio de la noche nos envolvía y la Vía Láctea en el cielo me recordaba siempre mi objetivo: encontrar la espada.

Después de un rato, Petrus me enseñó *El Ejercicio del Agua*.

—Estoy cansado y voy a dormirme —dijo—, pero haz este ejercicio ahora. Despierta de nuevo tu intuición, tu lado secreto. No te preocupes por la lógica, porque el agua es un elemento fluido y no se dejará dominar tan fácilmente. No obstante, el agua construirá, poco a poco, sin violencia, una nueva relación tuya con el universo.

Y concluyó, antes de entrar al hotel:

—No siempre se obtiene ayuda de un perro.

Continué saboreando un poco el frescor y el silencio de la noche. El hotel estaba lejos de cualquier población y nadie pasaba por la carretera que tenía frente a mí. Me acordé del dueño, que conocía Ipanema; debería parecerle un absurdo que yo estuviera en este lugar tan árido, quemado por ese sol que volvía cada día con la misma furia.

Comenzó a darme sueño y decidí ejecutar pronto el ejercicio. Derramé el resto de la botella en el piso de cemento. Inmediatamente se formó un charco. No era cualquier imagen o forma y no estaba buscando eso. Mis dedos comenzaron a mover el agua fría y empecé a sentir el mismo tipo de hipnosis que la gente siente cuando se queda mirando el fuego. No pensaba en nada, sólo jugaba. Jugando con un charco de agua. Hice algunos trazos en las orillas y el agua pareció tomar la forma de un sol mojado, pero los trazos enseguida se mezclaban y desaparecían. Con la palma de la mano, golpeé el centro del charco; el agua se desparramó y llenó de gotas el cemento, estrellas negras en un fondo gris ceniza. Estaba completamente entregado a aquel ejer-

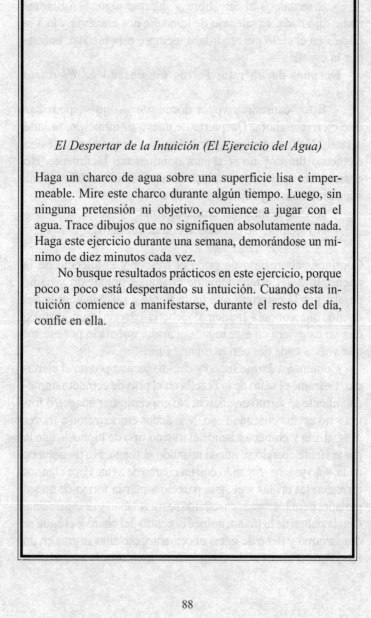

El Despertar de la Intuición (El Ejercicio del Agua)

Haga un charco de agua sobre una superficie lisa e impermeable. Mire este charco durante algún tiempo. Luego, sin ninguna pretensión ni objetivo, comience a jugar con el agua. Trace dibujos que no signifiquen absolutamente nada. Haga este ejercicio durante una semana, demorándose un mínimo de diez minutos cada vez.

No busque resultados prácticos en este ejercicio, porque poco a poco está despertando su intuición. Cuando esta intuición comience a manifestarse, durante el resto del día, confíe en ella.

cicio absurdo sin más finalidad que el placer de realizarlo. Sentí que mi mente se había detenido casi por completo, lo cual sólo conseguía tras largos periodos de meditación y relajación. Al mismo tiempo, algo me decía que, en lo más profundo de mí, en las reconditeces de mi mente, una fuerza tomaba cuerpo y se preparaba para manifestarse.

Pasé mucho tiempo jugando con el charco y fue difícil dejar de hacer el ejercicio. Si Petrus me hubiera enseñado el ejercicio del agua al principio del viaje, con toda seguridad me habría parecido una pérdida de tiempo; pero ahora, después de haber hablado en otras lenguas y expulsado demonios, aquella poca de agua establecía un contacto —aunque frágil— con la Vía Láctea sobre mi cabeza. Reflejaba sus estrellas, creaba formas que no podía entender, y me daba la sensación no de estar perdiendo el tiempo, sino de estar creando un nuevo código de comunicación con el mundo. El código secreto del alma, la lengua que conocemos y que tan poco escuchamos.

Cuando caí en cuenta, ya era bastante tarde. Las luces de la recepción estaban apagadas y entré sin hacer ruido. En mi cuarto, hice una vez más la invocación de Astrain y apareció más nítido. Le hablé un rato sobre mi espada y mis objetivos en la vida. Sin embargo, no respondía nada, pero Petrus me había dicho que, conforme se sucedieran las invocaciones, Astrain se tomaría una presencia viva y poderosa a mi lado.

El casamiento

Logroño es una de las ciudades más grandes que cruzan los peregrinos cuando siguen la Ruta Jacobea. La única ciudad grande que habíamos atravesado antes era Pamplona —de cualquier manera no pernoctamos allí—. Pero la tarde en que llegamos a Logroño, la ciudad se preparaba para una gran fiesta y Petrus sugirió que nos quedáramos, al menos por esa noche.

Ya estaba acostumbrado al silencio y a la libertad del campo, de manera que la idea no me agradó mucho. Habían pasado cinco días desde el incidente con el perro y realizaba todas las noches las invocaciones de Astrain y el Ejercicio del Agua. Me sentía más calmado, consciente de la importancia del Camino de Santiago en mi vida y de lo que haría de allí en adelante. Pese a la aridez del paisaje, de que la comida no siempre era buena y del cansancio provocado por caminar días enteros, estaba viviendo un sueño real.

Todo eso quedó atrás el día que llegamos a Logroño. En vez del aire caliente y más puro de los campos del interior, la ciudad estaba llena de automóviles, periodistas y equipos de televisión. Petrus entró en el primer bar a preguntar qué sucedía.

—¿No sabe? Es la boda de la hija del Coronel M. —respondió el hombre—. Vamos a tener un gran banquete público en la plaza, y hoy cierro más temprano.

Fue difícil encontrar un hotel, pero conseguimos hospedaje con una pareja de ancianos que vio la venera dibujada en la mochila de Petrus. Nos bañamos, me puse el único pantalón que traía y salimos rumbo a la plaza.

Allí, decenas de empleados, sudorosos bajo *summers* y ropas negras, daban los últimos retoques a las mesas distribuidas por todo el lugar. La Televisión Española tomaba algunas imágenes de los preparativos. Seguimos por una callecita que llegaba a la Parroquia de Santiago el Real, donde la ceremonia estaba por comenzar.

Personas bien vestidas, mujeres con el maquillaje a punto de escurrirse por la temperatura, niños con ropas blancas y mirada de fastidio entraban sin parar a la iglesia. Algunos fuegos artificiales estallaban sobre nosotros y una inmensa limusina negra se detuvo ante la puerta principal. Era el novio que llegaba. Petrus y yo no logramos entrar en la iglesia atestada y decidimos volver a la plaza.

Petrus fue a darse una vuelta y yo me senté en un banco, esperando que la boda acabara y el banquete fuese servido. Junto a mí, un vendedor de palomitas esperaba el final de la ceremonia con la esperanza de obtener ganancias extras.

—¿Usted también es invitado? —preguntó el vendedor.

—No —respondí—. Somos peregrinos camino a Compostela.

—De Madrid sale un tren directo hasta allá y si su salida es en viernes tiene derecho a hotel gratis.

—Pero nosotros estamos haciendo una peregrinación.

El vendedor me miró y dijo con sumo cuidado:

—La peregrinación es cosa de santos.

Decidí no hablar más del tema. El viejo comenzó a contarme que ya había casado a su hija, pero que actualmente vivía separada del marido.

—En la época de Franco había mucho más respeto —dijo—. Hoy ya nadie le da importancia a la familia.

Aunque estaba en un país extraño, por lo que no era aconsejable discutir sobre política, no podía dejar pasar lo que oí sin responder. Dije que Franco era un dictador y que nada pudo haber sido mejor en su época.

El viejo enrojeció.

—¿Quién es usted para hablar así?

—Conozco la historia de su país. La lucha de su pueblo

92

por la libertad. Leí sobre los crímenes de la guerra civil española.

—Pues yo participé en la guerra. Puedo hablar porque en ella corrió sangre de mi familia. La historia que usted leyó no me interesa: me interesa lo que sucede en mi familia. Yo luché contra Franco, pero después que él venció mi vida mejoró. No soy pobre y tengo un carrito de palomitas. Este gobierno socialista que hoy tenemos no me ayudó a conseguirlo. Ahora vivo peor que antes.

Recordé a Petrus diciéndome que las personas se contentan con muy poco de la vida. Decidí ya no insistir en el asunto y me cambié de banco.

Petrus vino a sentarse junto a mí. Le conté la historia del vendedor de palomitas.

—Conversar es muy bueno cuando uno quiere convencerse de lo que está diciendo. Soy del PCI[1] y no conocía tu lado fascista.

—¿Qué lado fascista? —pregunté indignado.

—Ayudaste al viejo a convencerse de que Franco era mejor. Tal vez nunca habría sabido por qué. Ahora ya lo sabe.

—Pues estoy muy sorprendido de saber que el PCI cree en los dones del Espíritu Santo.

—Uno se preocupa por lo que los vecinos puedan decir —dijo Petrus, e imitó al papa.

Reímos juntos. Algunos fuegos artificiales estallaron de nuevo. Una banda subió al templete de la plaza y comenzó a afinar los instrumentos. La fiesta empezaría en cualquier momento.

Miré al cielo. Empezaba a oscurecer y ya se veían algunas estrellas. Petrus se dirigió a un mesero y consiguió dos vasos de plástico llenos de vino.

—Trae suerte beber un poco antes de iniciar la fiesta —dijo él pasándome uno de los vasos—. Toma un poco de esto. Te ayudará a olvidar al viejo de las palomitas.

[1] Partido Comunista Italiano.

—Yo ya no pienso en eso.

—Pues deberías, porque lo que sucedió es un mensaje simbólico de un comportamiento equivocado. Estamos siempre intentando conquistar adeptos para nuestras explicaciones del universo. Pensamos que de la cantidad de personas que crean en lo mismo que nosotros dependerá que eso se transforme en realidad, y no es así.

"Mira a tu alrededor. Una gran fiesta se prepara, una conmemoración está por comenzar. Muchas cosas están celebrándose al mismo tiempo: el sueño del padre que quería casar a su hija, el sueño de la hija que se quería casar, el sueño del novio. Eso es bueno, porque ellos creen en ese sueño y quieren mostrar a todos que alcanzaron una meta. No es una fiesta para convencer a nadie y por eso será divertida. Todo indica que son personas que libraron el Buen Combate del Amor.

—Pero tú estás intentando convencerme, Petrus. Estás guiándome por el Camino de Santiago.

Me miró con frialdad.

—Te estoy enseñando las Prácticas de RAM, pero sólo conseguirás llegar a tu espada si descubres que en tu corazón está el camino, la verdad y la vida.

Petrus apuntó al cielo, donde ya se veían nítidas las estrellas.

—La Vía Láctea muestra el Camino hasta Compostela. No hay religión que sea capaz de acaparar todas las estrellas porque, si sucediera eso, el universo se volvería un gigantesco espacio vacío y perdería su razón de existir. Cada estrella —y cada hombre—tiene su espacio y sus características especiales. Hay estrellas verdes, amarillas, azules, blancas; hay cometas, meteoros y meteoritos, nebulosas y anillos. Todo eso que desde aquí abajo parece un puñado de puntitos iguales, en realidad son millones de cosas diferentes, esparcidas en un espacio que trasciende la comprensión humana.

Un fuego artificial estalló, y su luz opacó por unos momentos el cielo. Una cascada de partículas verdes y brillantes apareció en las alturas.

—Antes sólo oíamos su ruido, porque era de día. Ahora podemos ver su luz —dijo Petrus—. Éste es el cambio al que el hombre puede aspirar.

La novia salió de la iglesia y las personas arrojaron arroz y los vitorearon. Era una jovencita delgada, de unos diecisiete años, del brazo de un joven en uniforme de gala. Todos fueron saliendo y se encaminaron hacia la plaza.

—¡Mira al coronel M.! ¡Fíjate en el vestido de la novia! ¡Está linda! —decían algunas muchachas cerca de nosotros. Los invitados rodearon las mesas, los meseros sirvieron el vino y la banda de música comenzó a tocar. El viejo de las palomitas de inmediato fue cercado por una multitud de muchachitos histéricos que le daban dinero y regaban las bolsas por el suelo. Imaginé que para los habitantes de Logroño, al menos aquella noche, no existía el resto del mundo, la amenaza de guerra nuclear, el desempleo, los crímenes mortales. La noche era una fiesta, las mesas estaban en la plaza para el pueblo y todos se sentían importantes.

Unos reporteros de televisión caminaron en dirección nuestra y Petrus ocultó el rostro. Pero pasaron de largo, buscando a uno de los invitados que estaba junto a nosotros. Reconocí al sujeto de inmediato: era Manolo, jefe de la afición española en el mundial de futbol de México. Cuando acabó la entrevista, me dirigí hacia él y le dije que era brasileño y, fingiendo indignación, reclamó un gol robado en el primer partido del mundial.[2] Pero luego me abrazó y dijo que Brasil volvería a tener los mejores jugadores del mundo.

—¿Cómo haces para ver el juego si siempre estás de espaldas al campo, animando a la afición? —le pregunté. Era una de las cosas que más me habían llamado la atención durante las transmisiones del mundial.

[2] En el partido entre España y Brasil en el mundial de México en 1986, un gol español fue anulado porque el juez no vio que la pelota pegó atrás de la línea de meta antes de rebotar hacia fuera. Brasil terminó venciendo 1 a 0.

—Mi alegría es eso precisamente: ayudar a la afición a creer en la victoria.

Y concluyó, como si también fuese un guía por los caminos de Santiago:

—Una afición sin fe hace que un equipo pierda un juego que ya tenía ganado.

Manolo fue requerido luego por otras personas, pero me quedé pensando en sus palabras. Aun sin haber cruzado la Ruta Jacobea, él también sabía lo que era librar el Buen Combate.

Hallé a Petrus escondido en un rincón y visiblemente molesto por la presencia de las cámaras de televisión. Sólo salió de entre los árboles de la plaza y se relajó un poco cuando se apagaron los reflectores. Pedimos dos vasos más de vino y tomé un plato de bocadillos; Petrus descubrió una mesa donde podíamos sentarnos junto a los otros invitados.

Los novios cortaron un inmenso pastel y se dejaron oír más vitoreos.

—Parecen amarse —pensé en voz alta.

—Claro que se aman —dijo un señor de traje oscuro que estaba sentado en la mesa. ¿Acaso ha visto a alguien casarse por otro motivo?

Me guardé la respuesta, recordando lo que Petrus había dicho sobre el vendedor de palomitas, pero mi guía no desaprovechó la ocasión.

—¿A qué tipo de amor se refiere usted: Eros, Filos o Ágape?

El señor lo miró sin entender nada. Petrus se levantó, llenó de nuevo su vaso y me pidió que paseáramos un poco.

—Hay tres palabras griegas para designar el amor —comenzó diciendo—. Hoy estás viendo la manifestación de Eros, el sentimiento entre dos personas.

Los novios sonreían para las fotos y recibían felicitaciones.

—Parece que ambos se aman —dijo, refiriéndose a la pareja—. Y creen que el amor es algo que crece. Dentro de poco estarán luchando solos por la vida, establecerán una casa y participarán de la misma aventura. Esto engrandece y vuelve digno el amor. Él seguirá su carrera en el ejército; ella debe saber cocinar y ser una excelente ama de casa, porque fue educada desde niña para eso. Lo acompañará, tendrán hijos y si sintieran que están construyendo alguna cosa juntos es porque están en la lucha del Buen Combate. Entonces, a pesar de todos los tropiezos, jamás dejarán de ser felices.

"Sin embargo, esta historia que estoy contándote puede suceder al revés. Él puede comenzar a sentir que no es lo suficientemente libre para manifestar todo el Eros, todo el amor que siente por otras mujeres. Ella puede comenzar a sentir que sacrificó una carrera y una vida brillante por acompañar al marido. Y entonces, en lugar de la creación conjunta, cada uno se sentirá lastimado en su amor. Eros, el espíritu que los une, comenzará a mostrar sólo su lado malo, y aquello que Dios había destinado al hombre como su más noble sentimiento, pasará a ser fuente de odio y destrucción.

Miré en derredor. Eros estaba presente en varias parejas. El Ejercicio del Agua había despertado el lenguaje de mi corazón y estaba viendo a las personas de una manera diferente. Tal vez fueran los días de soledad en campo abierto, tal vez las Prácticas de RAM, pero el caso es que sentía la presencia del Eros Bueno y el Eros Malo, tal como Petrus la había descrito.

—Fíjate qué curioso —dijo Petrus, al notar lo mismo que yo—. A pesar de ser bueno o malo, el rostro de Eros nunca es el mismo en cada persona. Exactamente como las estrellas sobre las que te hablaba hace media hora, y nadie puede escapar de Eros. Todos necesitan su presencia —aunque muchas veces Eros haga que nos sintamos lejos del mundo, encerrados en nuestra soledad.

La banda comenzó a tocar un vals. La gente se dirigió a una pequeña plancha de cemento frente al templete y comenzó a bailar. El alcohol surtía efecto y todos estaban más sudados y más alegres. Miré a una joven vestida de azul, que debe haber esperado esta boda sólo para que llegara el momento del vals —porque quería bailar con alguien con quien soñaba estar abrazada desde que entró a la adolescencia—. Sus ojos seguían los movimientos de un muchacho bien vestido, de traje claro, que estaba con un grupo de amigos. Todos conversaban alegremente y no habían notado que el vals comenzó, y que a algunos metros de distancia una joven de azul miraba insistentemente a uno de ellos.

Pensé en las ciudades pequeñas, en los casamientos soñados desde la infancia con el muchacho que se ha elegido.

La muchacha de azul advirtió mi mirada y se alejó de la pista. Entonces tocó el turno al muchacho, quien la buscó con la mirada. Cuando la descubrió cerca de otras jóvenes, volvió a conversar animadamente con los amigos.

Llamé la atención de Petrus sobre los muchachos. Él siguió durante algún tiempo el juego de miradas y después volvió a su vaso de vino.

—Actúan como si fuera una vergüenza demostrar que se aman —fue su único comentario.

Una muchacha frente a nosotros nos miraba fijamente. Tendría la mitad de nuestra edad. Petrus levantó el vaso de vino y se lo brindó a ella. La muchacha se rió, apenada, y con un gesto señaló a sus padres, casi disculpándose por no acercarse más.

—Éste es el lado bello del amor —dijo—. El amor que desafía, el amor de dos extraños mayores que ella, que vinieron de lejos y mañana se irán, a un mundo que a ella también le gustaría recorrer.

Percibí por la voz de Petrus que el vino se le había subido un poco.

—¡Hoy vamos a hablar de Amor! —dijo mi guía, en un tono un poco más alto—. ¡Vamos a hablar de este amor verdadero, que está siempre creciendo, moviendo al mundo y haciendo al hombre sabio!

Una mujer cerca de nosotros, bien vestida, parecía no estar prestando ninguna atención a esta fiesta. Iba de mesa en mesa arreglando los vasos, los platos y los cubiertos.

—Fíjate en esa señora —dijo Petrus—, que no deja de acomodar las cosas. Como te dije antes, Eros tiene muchos rostros, y éste también es uno de ellos. Es el amor frustrado, que se realiza en la infelicidad ajena. Besa al novio y a la novia, pero por dentro murmurará que no fueron hechos el uno para el otro. Está tratando de colocar el mundo en orden porque en ella misma no hay orden. Y ése —señaló a otra pareja, la mujer exageradamente maquillada y con el cabello muy arreglado— es el Eros aceptado. El Amor social, sin el menor vestigio de emoción. Ella aceptó su papel y cortó todos los lazos con el mundo y el Buen Combate.

—Estás siendo muy amargo, Petrus. ¿No hay nadie aquí que se salve?

—Claro que sí; la muchacha que nos miró. Los adolescentes que están bailando y que sólo conocen el Eros Bueno. Si no se dejan influir por la hipocresía del Amor que dominó a la generación pasada, el mundo será otro, con toda seguridad.

Señaló a una pareja de ancianos, sentados en una mesa.

—Y aquellos dos también. No se dejaron contagiar por la hipocresía, como muchos otros. Por la apariencia debe ser una pareja de labradores. El hambre y la necesidad los obligó a trabajar juntos. Aprendieron las Prácticas que tú estás conociendo sin oír hablar nunca del RAM, porque sacaron la fuerza del amor de su propio trabajo. Allí Eros muestra su faz más hermosa, porque está unido a Filos.

—¿Qué es Filos?

—Filos es el amor en forma de amistad; es lo que siento por ti y por los otros. Cuando la llama de Eros ya no puede brillar, Filos mantiene unidas a las parejas.

—¿Y Ágape?

—Hoy no es día de hablar de Ágape. Ágape está en Eros y en Filos, pero esto es sólo una frase. Vamos a divertirnos en esta fiesta, sin tocar el tema del Amor que Devora —y Petrus sirvió más vino en su vaso de plástico.

Había alrededor nuestro una alegría contagiosa. Petrus se sentía mareado y al principio eso me chocó un poco. Pero me acordé de sus palabras dichas cierta tarde: las Prácticas de RAM sólo tendrían sentido si pudieran ser ejecutadas por una persona común.

Petrus me parecía, esta noche, un hombre como los demás. Era un camarada, un amigo, palmeaba la espalda de las personas y conversaba con quien le prestase atención. Al poco tiempo estaba tan mareado que tuve que tomarlo del brazo y llevarlo al hotel.

Por el camino, me di cuenta de la situación. Yo estaba guiando a mi guía. Percibí que en ningún momento de toda nuestra jornada, Petrus había hecho el menor esfuerzo por parecer más sabio, más santo o mejor que yo. Todo lo que había hecho era transmitirme su experiencia con las Prácticas de RAM. Pero, en lo demás, trataba de mostrar que era un hombre como todos los otros, que sentía Eros, Filos y Ágape.

Esto me hizo sentir más fuerte. El Camino de Santiago era para las personas comunes.

El entusiasmo

"Aunque yo hable la lengua de los hombres y de los ángeles; aunque tenga el don de profetizar y tenga fe al punto de mover montañas, si no tengo amor nada seré."

Petrus citaba de nuevo a San Pablo. Para él, el apóstol era el gran intérprete oculto del mensaje de Cristo. Estábamos pescando esa tarde después de haber pasado la mañana entera caminando. Ningún pez había mordido la carnada, pero mi guía no le daba la menor importancia. Según él, el ejercicio de la pesca era más o menos un símbolo de la relación del hombre con el mundo: sabemos lo que queremos y vamos a lograrlo si insistimos, pero el tiempo para llegar al objetivo depende de la ayuda de Dios.

—Siempre es bueno hacer alguna cosa lenta antes de tomar una decisión importante en la vida —dijo—. Los monjes zen escuchan cómo crecen las rocas. Yo prefiero pescar.

Pero a aquella hora, con el calor que estaba haciendo, ni los peces rojos y perezosos —casi a flor del agua— hacían caso del anzuelo. Mantener el sedal dentro o fuera del agua daba lo mismo. Resolví desistir y dar un paseo por los alrededores. Llegué hasta un viejo cementerio abandonado, cerca del río —con una puerta absolutamente desproporcionada para su tamaño—, y volví junto a Petrus. Le pregunté sobre el cementerio.

—La puerta era de un antiguo hospital de peregrinos —dijo—, pero fue abandonado y más tarde alguien tuvo la idea de aprovechar la fachada y construir el cementerio.

—Que también está abandonado.

Así es. Las cosas en esta vida duran muy poco.

Le dije que la noche anterior había sido muy duro al juzgar a las personas de la fiesta. Petrus se sorprendió. Afirmó que lo que habíamos conversado era ni más ni menos lo que nosotros mismos habíamos ya experimentado en nuestras vidas. Todos corremos en busca de Eros, y cuando Eros quiere transformarse en Filos, nos parece que el Amor es inútil. Sin darnos cuenta de que Filos es quien nos conducirá hasta la mayor forma de amor: Ágape.

—Háblame más de Ágape —le pedí.

Petrus respondió que Ágape no podía ser descrito con palabras, era necesario vivirlo. Si tuviera la oportunidad, me mostraría esa misma tarde uno de los rostros de Ágape, pero para ello era preciso que el universo se comportase como en el ejercicio de la pesca: colaborando para que todo transcurriese bien.

—El Mensajero ayuda, pero hay algo que está más allá de su dominio, de sus deseos y de ti mismo.

—¿Qué es?

—La chispa divina. Lo que la gente llama Suerte.

Cuando el sol descendió un poco, reanudamos la caminata. La Ruta Jacobea atravesaba algunas viñas y campos cultivados, completamente desiertos a esa hora del día. Cruzamos la carretera principal —también desierta— y volvimos al monte. A la distancia vislumbraba el pico de San Lorenzo, el punto más alto del reino de Castilla. Muchas cosas habían cambiado en mí desde que vi a Petrus por primera vez, cerca de San Juan Pied-de-Port. Brasil, los asuntos pendientes, se habían borrado casi por completo de mi mente. Lo único vivo era mi objetivo, discutido todas las noches con Astrain, que cada vez aparecía más nítido ante mis ojos. Siempre lo veía sentado junto a mí; me di cuenta de que tenía un tic nervioso en el ojo derecho y de que solía sonreír con desdén cuando yo repetía algunas cosas para asegurarme de que había entendido. Hace algunas semanas —sobre todo en los primeros días—, llegué a temer que jamás conseguiría terminar el camino. Cuando pasamos por Roncesvalles sentí un profundo tedio por todo eso y el deseo de llegar pronto a Santiago, recuperar mi espada y volver para librar lo que Petrus llamaba el Buen Combate.[1] Pero ahora, mi apego a la civilización, que tanto me costó hacer a un lado, estaba casi superado. En ese momento, todo lo que me preocupaba era el sol sobre mi cabeza y la excitación por experimentar Ágape.

Bajamos por un barranco y cruzamos un arroyo, haciendo un gran esfuerzo por subir a la ribera opuesta. En el pasado, aquel arroyo debió haber sido un soberbio río, que rugía y cavaba el suelo en busca de las profundidades y los secretos de la tierra. Hoy era apenas un arroyo que podía cruzarse a pie, pero su obra, el inmenso lecho cavado, aún estaba allí, obligándome a hacer un gran esfuerzo para remontarlo. "Todo en esta vida dura muy poco", había dicho Petrus unas horas antes.

—Petrus, ¿has amado mucho?

La pregunta salió de manera espontánea y me sorprendió mi valor. Hasta ese momento sabía sólo lo esencial sobre la vida privada de mi guía.

—Tuve ya muchas mujeres, si eso es lo que quieres saber, y amé mucho a cada una de ellas. Pero sólo con dos experimenté la sensación de Ágape.

Le conté que yo también había amado mucho y que estaba comenzando a preocuparme porque no lograba interesarme profundamente en nadie. De continuar así, tendría una vejez solitaria y eso me daba mucho miedo.

—Contrata a una enfermera —se rió—. Pero, en fin, no creo que lo que estés buscando en el amor sea un retiro confortable.

Eran casi las nueve de la noche cuando comenzó a oscurecer. Los viñedos habían quedado atrás y estábamos en medio de un paisaje casi desértico. Miré alrededor y pude distinguir, a

[1] En realidad, después descubrí que el término había sido acuñado por San Pablo.

103

lo lejos, una pequeña ermita enclavada en una piedra, semejante a muchas ermitas que habíamos visto por el camino. Avanzamos un poco más y nos desviamos de las marcas amarillas; fuimos derecho hacia la pequeña construcción.

Cuando nos acercamos lo suficiente, Petrus gritó un nombre que no entendí y se detuvo a escuchar si había respuesta. Pese a aguzar los oídos, no escuchamos nada. Petrus volvió a llamar, pero nadie respondió.

—De todas formas vamos —dijo, y allá fuimos.

Eran sólo cuatro paredes encaladas; la puerta estaba abierta —mejor dicho, no había puerta, sino un cancel de medio metro de altura, que se sostenía precariamente en un gozne. Dentro había un fogón hecho de piedras y algunas escudillas cuidadosamente apiladas en el suelo. Dos de ellas estaban llenas de trigo y papas.

Nos sentamos en silencio. Petrus encendió un cigarro y dijo que esperáramos un poco. Noté que las piernas me dolían de cansancio, pero algo en esa ermita, en vez de calmarme me excitaba, y también me habría amedrentado de no ser por la presencia de Petrus.

—Quien sea que viva aquí ¿dónde duerme? —pregunté rompiendo ese silencio que empezaba a incomodarme.

—Allí donde estás sentado—dijo Petrus, apuntando al suelo desnudo. Comenté que me cambiaría de lugar, pero me pidió que permaneciera exactamente donde estaba. Debió haber bajado un poco la temperatura, porque comencé a sentir frío.

Esperamos durante casi una hora. Petrus gritó dos veces más ese nombre extraño y al final desistió. Cuando pensé que nos levantaríamos para irnos, me dijo:

—Aquí está presente una de las dos manifestaciones de Ágape —dijo mientras apagaba su tercer cigarro—. No es la única, pero sí una de las más puras. Ágape es el amor total, el Amor que Devora a quien lo experimenta. Quien conoce y experimenta Ágape, se da cuenta de que en este mundo nada es más importante que amar. Éste fue el amor que Jesús sintió por la humanidad y fue tan grande que sacudió las estrellas y cambió el curso de la historia del hombre. Su vida solitaria logró lo que reyes, ejércitos e imperios no consiguieron.

"Durante milenios de historia de la civilización, muchas personas fueron invadidas por este Amor que Devora. Tenían tanto que dar —y el mundo exigía tan poco— que fueron obligadas a buscar los desiertos y lugares aislados, porque el amor era tan grande que las transfiguraba; se convirtieron en los santos ermitaños que hoy conocemos.

"Para ti y para mí, que experimentamos otra forma de Ágape, esta vida puede parecernos dura, terrible. No obstante, el Amor que Devora hace que todo —absolutamente todo— pierda importancia. Estos hombres viven sólo para ser consumidos por su amor.

Petrus me contó que allí vivía un hombre llamado Alfonso, que lo conoció en su primera peregrinación a Compostela, mientras recolectaba frutas para comer. Su guía, un hombre mucho más iluminado que él, era amigo de Alfonso y los tres habían hecho juntos el Ritual de Ágape, el Ejercicio del Globo Azul. Petrus dijo que fue una de las experiencias más importantes de su vida y que —hasta hoy— cuando hacía ese ejercicio, se acordaba de la ermita y de Alfonso. Había un tono de emoción en su voz y era la primera vez que percibía esto.

—Ágape es el Amor que Devora —repitió una vez más, como si ésa fuera la frase que mejor definiera aquella extraña especie de amor—. Cierta vez, Luther King dijo: cuando Cristo habló de amar a los enemigos, se refería a Ágape, porque, según él, era "imposible que nos agraden nuestros enemigos, quienes nos hacen daño, quienes intentan volver aún más mezquina nuestra sufrida cotidianidad". Pero Ágape es mucho más que agradar, es un sentimiento que invade todo, que inunda todo resquicio, y hace que cualquier intento de agresión se convierta en polvo.

"Aprendiste a renacer, a no ser cruel contigo, a conversar con tu Mensajero, pero todo lo que hagas de ahora en adelante, todo el provecho que obtengas del Camino de Santiago, tendrá sentido sólo si fuere tocado por el Amor que Devora.

Le recordé a Petrus que, según dijo, existen dos formas de Ágape, y que probablemente él no había experimentado esta primera forma, pues no se transformó en ermitaño.

—Tienes razón. Tanto tú como yo, así como la mayoría de los peregrinos que cruzaron el Camino de Santiago mediante las Palabras de RAM, experimentamos Ágape en su otra forma: el Entusiasmo.

"Entre los antiguos. Entusiasmo significa 'trance, arrobamiento, vínculo con Dios'. El Entusiasmo es Ágape dirigido por alguna idea, alguna cosa. Todos hemos pasado por esto. Cuando amamos y creemos desde lo más profundo de nuestra alma en algo, nos sentimos más fuertes que el resto del mundo y nos invade una serenidad proveniente de la certeza de que nada podrá vencer nuestra fe. Esta fuerza extraña hace que siempre tomemos las decisiones correctas en el momento exacto, y cuando alcanzamos nuestro objetivo nos sorprendemos de nuestra propia capacidad, porque durante el Buen Combate nada más tiene importancia: estamos siendo llevados, a través del Entusiasmo, hacia nuestra meta.

"Normalmente, el Entusiasmo se manifiesta con todo su poderío en los primeros años de nuestra vida. Aún tenemos un fuerte lazo con la divinidad y nos volcamos con tal voluntad sobre nuestros juguetes, que las muñecas cobran vida y los soldaditos de plomo pueden marchar. Cuando Jesús dijo que el reino de los cielos era de los niños, se refería a Ágape en forma de Entusiasmo. Los niños llegaron a él sin pensar en sus milagros, su sabiduría, ni en los fariseos o los apóstoles. Venían alegres, movidos por el Entusiasmo.

Le conté a Petrus que —justo esa tarde— me di cuenta de que estaba completamente comprometido con el Camino de Santiago. Aquellos días y noches por las tierras de España casi me hicieron olvidar mi espada, y se habían convertido en una experiencia única. Todo lo demás había perdido importancia.

—Esta tarde intentamos pescar y los peces no mordieron el anzuelo —dijo Petrus—. Por lo regular dejamos que el Entusiasmo se escape de nuestras manos por estas pequeñas cosas, que no tienen la menor importancia ante la grandeza de cada existencia. Perdernos el entusiasmo debido a nuestras pequeñas y necesarias derrotas durante el Buen Combate, y como no sabemos que el entusiasmo es una fuerza mayor, encaminada hacia la victoria final, dejamos que se escape entre nuestros dedos, sin darnos cuenta de que también estamos dejando escapar el verdadero sentido de nuestras vidas. Culpamos al mundo por nuestro tedio, por nuestra derrota, y nos olvidamos de que fuimos nosotros quienes dejamos escapar esta fuerza arrobadora que justifica todo, la manifestación de Ágape en forma de Entusiasmo.

Volvió a mí la imagen del cementerio cercano al riachuelo, aquella puerta extraña, descomunalmente grande, era una representación perfecta de la pérdida de sentido: tras esa puerta sólo había muertos.

Como si adivinara mi pensamiento, Petrus empezó a hablar de algo parecido.

—Hace algunos días, quizá te sorprendiste cuando perdí la cabeza con un pobre muchacho que derramó un poco de café en unas bermudas ya inmundas por el polvo del camino. En realidad, todo mi nerviosismo fue porque vi en los ojos de aquel joven el Entusiasmo desvaneciéndose, como se escapa la sangre de unas venas cortadas. Vi a ese muchacho, tan fuerte y tan lleno de vida, comenzando a morir, porque dentro de él, a cada instante, moría un poco de Ágape. Tengo muchos años de vida y ya aprendí a convivir con esas cosas, pero ese muchacho, por su forma de ser y por todo lo que presentí que podía traer de bueno a la humanidad, me dejó contrariado y triste. Estoy seguro de que mi agresividad hirió su dignidad y detuve, al menos por un tiempo, la muerte de Ágape.

"De la misma manera, cuando transmutaste el espíritu del perro de esa mujer, sentiste Ágape en su estado puro. Fue un gesto noble y me puso muy contento de estar aquí y ser tu guía. Por eso, por primera vez en todo el Camino, voy a participar en un ejercicio contigo.

Y Petrus me enseñó el Ritual de Ágape o el *Ejercicio del Globo Azul*.

El Ritual del Globo Azul

Siéntese cómodamente y relájese. Procure no pensar en nada.

1. Sienta qué bueno es disfrutar de la vida. Deje que su corazón se sienta libre, amigo, por encima y más allá de la mezquindad de los problemas que deben estarlo aquejando. Comience a cantar alguna canción de la infancia en voz baja. Imagine que su corazón crece e inunda su cuarto —y después toda su casa— de una luz azul, intensa, brillante.

2. Cuando llegue a este punto, comience a sentir la presencia amiga de los santos en que usted depositaba su fe cuando era niño. Dese cuenta de que están presentes y llegan de todas partes, sonriendo e infundiéndole fe y confianza en la vida.

3. Mentalice cómo se acercan los santos, le colocan las manos sobre su cabeza y le desean amor, paz y comunión con el mundo, la comunión de los santos.

4. Cuando esta sensación sea muy intensa, sienta que la luz azul es un flujo que entra y sale de usted, como un río brillante, en movimiento. Esta luz azul comienza a esparcirse por su casa, después por su barrio, por su ciudad, por su país y envuelve al mundo en un inmenso globo azul. Es la manifestación del amor mayor, que trasciende las batallas cotidianas, pero que lo fortalece y le da vigor, energía y paz.

5. Mantenga el mayor tiempo posible esa luz esparcida por el mundo. Su corazón está abierto, irradiando amor. Esta fase del ejercicio debe demorar como mínimo cinco minutos.

6. Poco a poco, vaya saliendo del trance y volviendo a la realidad. Los santos permanecerán cerca de usted: la luz azul continuará inundando el mundo.

Este ritual puede y debe ser realizado por más de una persona, si fuere necesario. En este caso, las personas deben tomarse de las manos.

—Te voy a ayudar a despertar el Entusiasmo, a generar la fuerza que se extenderá como un Globo Azul alrededor del planeta, para demostrarte que te respeto por tu búsqueda y por lo que eres.

Hasta ese momento, Petrus nunca había emitido ninguna opinión —ni en favor ni en contra— sobre mi manera de realizar los ejercicios. Me había ayudado a interpretar el primer contacto con el Mensajero, me había sacado del trance en el Ejercicio de la Semilla, pero en ningún momento se interesó por los resultados que yo había obtenido. Más de una vez le pregunté por qué no quería que le contara sobre mis sensaciones, y me respondía que su única obligación, como guía, era mostrarme el Camino y las Prácticas de RAM. A mi me correspondía disfrutar o desdeñar los resultados.

Cuando dijo que participaría conmigo en el ejercicio, de repente me sentí indigno de sus elogios. Conocía mis fallas, y muchas veces había dudado de su capacidad de conducirme por el Camino. Quise decir todo esto, pero me interrumpió antes de comenzar.

—No seas cruel contigo, o no habrás aprendido la lección que te enseñé. Sé gentil. Acepta el elogio que mereces.

Mis ojos se llenaron de lágrimas. Petrus me tomó de las manos y salimos de la ermita. La noche estaba oscura, más oscura que de costumbre. Me senté a su lado y comenzamos a cantar. La música surgía dentro de mí y él me acompañaba sin esfuerzo. Empecé a dar palmadas, bajito, y a balancear mi cuerpo hacia delante y hacia atrás. Las palmadas fueron aumentando en intensidad y la música fluía libre de dentro de mí, un cántico de alabanza al cielo oscuro, a la planicie desértica, a las rocas sin vida. Comencé a ver los Santos en que creía de niño y que la vida había apartado de mí, porque también yo había matado una gran parte de Ágape. Pero ahora el Amor que Devora volvía generoso y los santos sonreían en los cielos, con el mismo rostro y la misma intensidad con que los veía de niño.

Abrí los brazos para que Ágape fluyese y una corriente misteriosa de luz azul brillante empezó a entrar y salir de mí, purificando toda mi alma, perdonando mis pecados. La luz se extendió, primero por el paisaje, después envolvió al mundo, y yo comencé a llorar. Lloraba porque estaba reviviendo el Entusiasmo, era un niño ante la vida, y nada en ese momento podría causarme ningún daño. Sentí que una presencia se acercaba a nosotros y se sentaba a mi derecha; imaginé que era mi Mensajero y que era el único capaz de vislumbrar aquella luz azul tan fuerte saliendo y entrando en mí, derramándose por el mundo.

La luz fue aumentando de intensidad y sentí que envolvía el mundo entero, penetraba por cada puerta y en cada callejuela, y que alcanzaba, al menos por una fracción de segundo, a cada ser vivo.

Sentí que me tomaban de las manos, abiertas y extendidas hacia el cielo. En ese momento el flujo de luz azul aumentó y se volvió tan fuerte que creí que me desmayaría, pero logré mantenerlo algunos minutos más, hasta que la melodía que estaba cantando hubiese terminado.

Entonces me relajé y me sentí completamente exhausto, más libre y contento con la vida y con lo que acababa de experimentar. Las manos que sostenían a las mías se soltaron. Me di cuenta de que una era de Petrus y en el fondo de mi corazón presentí de quién era la otra mano.

Abrí los ojos y junto a mí estaba el monje Alfonso. Sonrió y me dijo "buenas noches". Sonreí también, volví a tomar su mano y la apreté con fuerza sobre mi pecho. Dejó que hiciera esto y después la soltó con delicadeza.

Ninguno de los tres dijo nada. Un rato después, Alfonso se levantó y caminó nuevamente hacia la planicie rocosa. Yo lo acompañé con la vista hasta que la oscuridad lo ocultó por completo.

Petrus rompió el silencio poco después. No mencionó nada sobre Alfonso.

—Haz este ejercicio siempre que puedas, y al poco tiempo Ágape habitará de nuevo en ti. Repítelo antes de comenzar un proyecto, los primeros días de cualquier viaje o cuando sientas que algo te ha causado una gran emoción. De ser posible, hazlo con alguien que te agrade. Es un ejercicio para compartirse.

Allí estaba de nuevo el viejo Petrus técnico, instructor y guía, del que sabía tan poco. La emoción que había mostrado en la choza había pasado. No obstante, al tocar mi mano durante el ejercicio, sentí la grandeza de su alma.

Volvimos a la ermita blanca, donde estaban nuestras cosas.

—Su ocupante ya no vuelve por hoy, creo que podemos dormir aquí —dijo Petrus acostándose. Desenrollé el saco de dormir, tomé un trago de vino y también me acosté. Estaba exhausto con el Amor que Devora, pero era un cansancio libre de tensiones y, antes de cerrar los ojos, recordé al monje barbado, delgado, que me había deseado buenas noches y que se sentó a mi lado. En algún lugar, allá afuera, ese hombre estaba siendo consumido por la llama divina. Tal vez por eso aquella noche fuera tan oscura, porque él había condensado en sí toda la luz del mundo.

La muerte

—¿Ustedes son peregrinos? —preguntó la anciana que nos servía el desayuno. Estábamos en Azofra, un pueblecito de pequeñas casas con escudos medievales en la fachada y con una fuente donde minutos antes habíamos llenado nuestras cantimploras.

Respondí que sí y los ojos de la mujer mostraron respeto y orgullo.

—Cuando era niña, pasaba por aquí al menos un peregrino por día, al camino de Compostela. Después de la guerra y de Franco no sé qué sucedió, pero parece que dejó de haber peregrinaciones. Deberían hacer una carretera. Hoy en día a la gente sólo le gusta andar en carro.

Petrus no dijo nada. Se había levantado de mal humor. Le di la razón a la mujer y me quedé imaginando una carretera nueva y asfaltada subiendo montañas y valles; autos con veneras pintadas en el capacete y tiendas de *souvenirs* en las puertas de los conventos. Terminé de tomar el café con leche y el pan con aceite. Mirando la guía de Aymeric Picaud, calculé que por la tarde debíamos llegar a Santo Domingo de La Calzada, y planeé dormir en el Parador Nacional.[1] Estaba gastando mucho menos dinero de lo planeado, a pesar de hacer siempre tres comidas al día. Era hora de cometer una extravagancia y de dar a mi cuerpo el mismo trato que daba a mi estómago.

[1] Los paradores nacionales son antiguos castillos y monumentos históricos transformados por el gobierno español en hoteles de primera categoría.

Me desperté con una prisa extraña, con ganas de llegar pronto a Santo Domingo de La Calzada, una sensación que, dos días antes, cuando caminábamos hacia la ermita, estaba convencido de no volverla a tener. Petrus estaba también más melancólico, más callado que de costumbre, y no sabía si era por causa del encuentro con Alfonso dos días antes. Sentí muchas ganas de invocar a Astrain y de conversar un poco sobre eso, pero nunca había hecho la invocación durante la mañana y no sabía si daría resultado. Desistí de la idea.

Acabamos nuestros cafés y recomenzamos la caminata. Cruzamos una casa medieval con su blasón, las ruinas de una antigua posada de peregrinos y un parque provinciano en los límites del poblado. Cuando me preparaba para volver al campo, sentí una presencia fuerte a mi lado izquierdo. Seguí de frente, pero Petrus me detuvo:

—No sirve de nada correr —dijo—. Detente y enfrenta la situación.

Quise zafarme de Petrus y continuar. El sentimiento era desagradable, como una especie de cólico abdominal. Por algunos instantes quise creer que era por el pan con aceite, pero ya lo había sentido antes y era inútil engañarme: tensión, tensión y miedo.

—¡Mira atrás —la voz de Petrus tenía un tono de urgencia—, mira antes de que sea tarde!

Volteé bruscamente: a mi izquierda estaba una casita abandonada; la vegetación, quemada por el sol, la había invadido por dentro. Un olivo elevaba sus ramas retorcidas al cielo y, entre el olivo y la casa, mirándome fijamente, estaba un perro. Un perro negro, el mismo que había expulsado de la casa de la mujer días atrás.

Perdí la noción de la presencia de Petrus y miré fijamente los ojos del animal. Algo dentro de mí —tal vez la voz de Astrain o de mi ángel de la guarda— me decía que si desviaba los ojos el animal me atacaría.

Nos quedamos así, mirándonos mutuamente, durante minutos interminables. Sentía que, después de haber experimentado toda la grandeza del Amor que Devora, de nuevo

114

estaba ante las amenazas diarias y constantes de la existencia. Pensé por qué el animal me habría seguido hasta tan lejos y finalmente qué quería, porque yo era un peregrino en busca de una espada y no tenía ganas ni paciencia para entrar en conflicto con personas o animales por el camino.

Traté de decir todo esto con los ojos —recordando a los monjes del convento, que se comunicaban con la vista—, pero el perro no se movía. Continuaba mirándome fijamente, sin manifestar ninguna emoción, pero listo para atacar si me distraía o mostraba miedo.

¡Miedo! Me di cuenta de que el miedo había desaparecido. Consideraba que la situación era demasiado estúpida para tener miedo. Mi estómago estaba contraído y tenía ganas de vomitar por la tensión, pero no tenía miedo. Si tuviera miedo, algo me decía que mis ojos me denunciarían y el animal me derrumbaría de nuevo, como lo había hecho antes. No debía desviar los ojos, ni siquiera cuando presentí que, por un sendero a mi derecha, una silueta se aproximaba.

La silueta se detuvo un instante y luego caminó derecho hacia nosotros. Cruzó exactamente la línea de nuestras miradas, diciendo algo que no pude entender. Era una voz femenina y su presencia era buena, amistosa y positiva.

En la fracción de segundo que la silueta se colocó entre mis ojos y los del perro, mi estómago se relajó. Tenía un amigo poderoso que estaba allí ayudándome en aquella lucha absurda e innecesaria. Cuando terminó de pasar, el perro había bajado los ojos. Dando un salto, corrió hacia la casa abandonada y lo perdí de vista.

Sólo en ese momento mi corazón se aceleró de miedo. La taquicardia fue tan intensa que me mareé y creí que iba a desmayarme. Mientras todo me daba vueltas, miré a la carretera por donde minutos antes Petrus y yo habíamos pasado, buscando la silueta que me dio fuerzas para derrotar al perro.

Era una monja. Estaba de espaldas, caminando rumbo a Azofra, y no podía verle el rostro, recordé su voz y calculé que tendría, máximo, veintitantos años. Miré el camino por donde vino: era un pequeño atajo que no daba a ninguna parte.

—Fue ella… fue ella quien me ayudó —murmuré mientras mi mareo aumentaba.

—No te pongas a inventar más fantasías en un mundo ya de por sí tan extraordinario —dijo Petrus, acercándose y sosteniéndome por un brazo—. Ella vino de un convento en Cañas, que queda a unos cinco kilómetros de aquí. Es obvio que no puedas verlo.

Mi corazón continuaba acelerado y me convencí de que lo pasaría mal. Estaba demasiado aterrorizado como para dar o pedir explicaciones. Me senté en el suelo y Petrus me echó un poco de agua en la cabeza y en la nuca. Recordé que había reaccionado de la misma manera cuando salimos de casa de la mujer, pero ese día yo estaba llorando y sintiéndome bien. Ahora la sensación era exactamente la contraria.

Petrus dejó que descansara el tiempo suficiente. El agua me reanimó un poco y el mareo comenzó a pasar. Lentamente, las cosas volvían a la normalidad.

Cuando me sentí reanimado, Petrus pidió que caminásemos un poco y le obedecí. Anduvimos unos quince minutos, pero el agotamiento volvió. Nos sentamos a los pies de un "rollo", una columna medieval con una cruz en la punta, que marcaba algunos trechos de la Ruta Jacobea.

—Tu miedo te causó mucho más daño que el perro —dijo Petrus, mientras yo descansaba.

Quise saber por qué ese encuentro absurdo.

—En la vida y en el Camino de Santiago hay ciertas cosas que suceden independientemente de nuestra voluntad. En nuestro primer encuentro, te dije que había leído en la mirada del gitano el nombre del demonio que habrías de enfrentar. Me sorprendió mucho saber que ese demonio era un perro, pero no te dije nada en esa ocasión. Sólo cuando llegamos a la casa de la mujer —y manifestaste por vez primera el Amor que Devora— vi a tu enemigo.

"Cuando alejaste al perro de esa señora, no lo llevaste a ningún lado. Nada se pierde, todo se transforma, ¿no es así? No lanzaste los espíritus en una manada de puercos que se arrojó por un despeñadero, como hizo Jesús. Simplemente alejaste al perro. Ahora, esa fuerza vaga sin rumbo tras de ti. Antes de encontrar tu espada, deberás decidir si deseas ser esclavo o señor de esa fuerza.

Mi cansancio comenzó a pasar. Respiré profundo, sintiendo la piedra fría del "rollo" en mi espalda. Petrus me dio un poco más de agua y prosiguió:

—Los casos de obsesión se presentan cuando las personas pierden el dominio de las fuerzas de la tierra. La maldición del gitano sembró el miedo en aquella mujer y el miedo abrió una brecha por donde penetró el Mensajero del muerto. Éste no es un caso común, pero tampoco raro. Depende mucho de cómo reacciones ante las amenazas de los otros.

Esta vez fui yo quien recordó un pasaje de la Biblia. En el Libro de Job estaba escrito: "Todo lo que más temía me sucedió".

—Una amenaza no puede provocar nada, si no es aceptada. Al librar el Buen Combate, nunca te olvides de esto, como tampoco debes olvidar que atacar o huir son parte de la lucha. Lo que no forma parte de la lucha es quedarse paralizado de miedo.

Yo no sentí miedo en ese momento. Estaba sorprendido conmigo mismo y comenté el asunto con Petrus.

—Lo percibí. De no haber sido así, el perro te habría atacado y casi con toda certeza habría vencido en el combate, porque el perro no tenía miedo. Sin embargo, lo más curioso fue la llegada de aquella monja. Al presentir una presencia positiva, tu fértil imaginación creyó que alguien había llegado para ayudarte. Es tu fe la que te salvó, aun basada en un hecho absolutamente falso.

Petrus tenía razón. Soltó una sonora carcajada y reí junto con él. Nos levantamos para proseguir el camino. Ya me estaba sintiendo ligero y bien dispuesto.

—Sin embargo, es necesario que sepas algo —dijo mientras caminábamos—: el duelo con el perro sólo podrá acabar con la victoria de uno de los dos. Volverá a aparecerse y la próxima vez procura llevar la lucha hasta el final. Si no, el fantasma del perro te preocupará por el resto de tus días.

En el encuentro con el gitano, Petrus me había dicho que conocía el nombre de ese demonio, le pregunté cuál era.

—Legión —respondió—, porque son muchos.

Andábamos por tierras que los campesinos preparaban para la siembra. Aquí y allá algunos labradores manejaban bombas de agua rudimentarias, en la lucha secular contra el suelo árido. Por las orillas del Camino de Santiago, piedras apiladas formaban muros que no acababan nunca, que se cruzaban y se confundían entre los trazos del campo. Pensé en los muchos siglos durante los que estas tierras habían sido trabajadas y aun así surgía alguna piedra que sacar, piedra que rompía la lámina del arado, que dejaba renco al caballo, que formaba callos en la mano del labrador. Una lucha que comenzaba cada año y no acababa nunca.

Petrus estaba más serio que de costumbre y recordé que desde la mañana no hablaba casi nada. Después de la conversación al pie del "rollo" medieval, se había encerrado en un mutismo y no respondía a la mayor parte de mis preguntas. Quería conocer mejor esa historia de los "muchos demonios". Antes me había explicado que cada persona tiene sólo un Mensajero, pero Petrus no estaba dispuesto a hablar del asunto y decidí esperar una mejor oportunidad.

Subimos una pequeña elevación y, al llegar arriba, pude ver la torre principal de la iglesia de Santo Domingo de La Calzada. La visión me animó; comencé a soñar con el confort y la magia del Parador Nacional. Por lo que había leído, el edificio había sido construido por el propio Santo Domingo para hospedar a los peregrinos. Cierta noche, pernoctó allí San Francisco de Asís en su camino hacia Compostela. Todo eso me llenaba de emoción.

Debían ser casi las siete de la tarde cuando Petrus pidió que nos detuviéramos. Me acordé de Roncesvalles, de la caminata lenta cuando necesitaba tanto de un vaso de vino por el frío y temí que estuviese preparando algo semejante.

—Un Mensajero jamás te ayudará a derrotar a otro. Ellos no son buenos ni malos, como te dije antes, pero tienen un sentimiento de lealtad entre sí. No confíes en Astrain para derrotar al perro.

Ahora era yo quien no estaba dispuesto a hablar de mensajeros, quería llegar pronto a Santo Domingo de La Calzada.

—Los Mensajeros de personas muertas pueden ocupar el cuerpo de alguien dominado por el miedo, por eso, en el caso del perro, son muchos. Llegaron invitados por el miedo de la mujer; no sólo el del gitano asesinado, sino los diversos Mensajeros que vagan por el espacio, buscando una manera de entrar en contacto con las fuerzas de la tierra.

Hasta ahora estaba respondiendo a mi pregunta, pero había algo en su modo de hablar que parecía artificial, como si no fuera éste el asunto del que quisiera hablar conmigo. Mi instinto me puso sobre aviso de inmediato.

—¿Qué quieres, Petrus? —pregunté un poco molesto.

Mi guía no respondió, se salió del camino dirigiéndose hacia un árbol viejo, casi sin hojas, a algunas decenas de metros campo adentro; era el único árbol visible en todo el horizonte. Como no indicó que lo siguiera, me quedé parado en el camino y presencié una escena extraña: Petrus daba vueltas alrededor del árbol y decía algo en voz alta, mirando al suelo. Cuando acabó, indicó que me acercara.

—Siéntate aquí —dijo. Había un tono diferente en su voz y yo no distinguía si era cariño o tristeza—. Aquí te quedas. Mañana te veo en Santo Domingo de La Calzada.

Antes de que pudiera decir algo, Petrus continuó:

—Cualquier día de éstos —y te garantizo que no será hoy— tendrás que enfrentar a tu enemigo más importante en el Camino de Santiago: el perro. Cuando ese día llegue, quédate tranquilo que estaré cerca y te daré la fuerza necesaria para el combate. Pero hoy te vas a enfrentar a otro tipo de enemigo, un enemigo imaginario que puede destruirte o ser tu mejor compañero: la Muerte.

"El hombre es el único ser de la naturaleza que tiene conciencia de que va a morir, por eso —y sólo por eso— tengo un profundo respeto por la raza humana, y creo que en un futuro será mucho mejor que en el presente. Aun sabiendo que sus días están contados y que todo acabará cuando menos se lo espera, hace de la vida una lucha digna de un ser eterno. Lo que las personas llaman vanidad —dejar obras, hijos, hacer que su nombre no se olvide— yo lo considero la máxima expresión de la dignidad humana.

"Sucede que, frágil criatura, el hombre siempre intenta ocultarse a sí mismo la gran certeza de la Muerte. No ve que es ella quien lo motiva a hacer las mejores cosas de su vida. Tiene miedo del paso en la oscuridad, del gran terror a lo desconocido, y su única manera de vencer este miedo es olvidando que sus días están contados. No se da cuenta de que, con la conciencia de la Muerte, sería capaz de atreverse a mucho más, de ir mucho más lejos en sus conquistas diarias, porque no tiene nada qué perder, ya que la Muerte es inevitable.

La idea de pasar la noche en Santo Domingo de La Calzada ya empezaba a parecerme algo distante. Cada vez seguía con mayor interés las palabras de Petrus. En el horizonte, exactamente frente a nosotros, el sol comenzaba a morir. Tal vez también estuviese escuchando aquellas palabras.

—La Muerte es nuestra gran compañera, porque es quien otorga el verdadero sentido a nuestras vidas, pero, para poder ver la verdadera faz de nuestra Muerte, antes tenemos que conocer todas las ansiedades y terrores que la simple mención de su nombre es capaz de despertar en cualquier ser vivo.

Petrus se sentó bajo el árbol y pidió que yo hiciese lo mismo. Dijo que momentos antes había dado algunas vueltas en torno al tronco porque recordó todo lo que había pasado cuando fue peregrino a Santiago. Después sacó de la mochila dos emparedados que compró a la hora de la comida.

—Aquí donde tú estás no existe ningún peligro —dijo entregándome los emparedados—. No hay serpientes venenosas y el perro sólo volverá a atacarte cuando olvide la derrota de hoy por la mañana. Tampoco hay asaltantes o criminales por los alrededores. Estás en un sitio completamente seguro, con una sola excepción: el peligro de tu miedo.

Petrus me dijo que hace dos días yo había experimentado una sensación tan inmensa y tan violenta como la Muerte: el Amor que Devora. Y que en ningún momento yo había titubeado o sentido miedo, porque no tenía prejuicios respecto del amor universal. No obstante, todos teníamos prejuicios respecto de la Muerte, sin darnos cuenta de que ella era apenas una manifestación más de Ágape. Respondí que con todos los años de entrenamiento en la magia prácticamente había perdido el miedo a la Muerte. En realidad, sentía más pavor por la forma de morir que por la Muerte propiamente dicha.

—Pues entonces, hoy por la noche experimenta la manera más pavorosa de morir.

Y Petrus me enseñó *El Ejercicio del Enterrado Vivo*.

—Sólo debes hacerlo una vez —dijo, mientras que yo me acordaba de un ejercicio de teatro muy parecido—. Es preciso que despiertes toda la verdad, todo el miedo necesario para que el ejercicio pueda surgir de las raíces del alma y dejar caer la máscara de horror que cubre el gentil rostro de tu Muerte.

Petrus se levantó y vi su silueta recortarse contra el cielo incendiado por la puesta de sol. Como yo permanecía sentado, lo veía como una figura imponente, gigantesca.

—Petrus, todavía tengo una pregunta.

—¿Cuál?

—Hoy por la mañana estabas callado y extraño. ¿Presentiste antes que yo la llegada del perro? ¿Cómo es posible?

—Cuando experimentamos juntos el Amor que Devora, compartimos el Absoluto. El Absoluto muestra a todos los hombres lo que realmente son: un inmenso entramado de causas y efectos, donde cada pequeño gesto de uno se refleja en la vida del otro. Hoy por la mañana esta pequeña porción de Absoluto aún estaba muy viva en mi alma. Yo estaba sintiéndote no sólo a ti, sino todo lo que hay en el mundo, sin límite de espacio o tiempo. Ahora el efecto ha disminuido y sólo volverá la próxima vez que haga el ejercicio del Amor que Devora.

El Ejercicio del Enterrado Vivo

Acuéstese en el suelo y relájese. Cruce las manos sobre el pecho, como si fuera un muerto.

Imagine todos los detalles de su entierro, como si fuese a realizarse mañana. La única diferencia es que está siendo enterrado vivo. Conforme la historia se va desarrollando —capilla, camino hacia la tumba, descenso del féretro, los gusanos en la sepultura—, usted comienza a tensar cada vez más todos los músculos, en un desesperado esfuerzo por moverse. Pero no se mueve, hasta que, cuando ya no aguante más, en un movimiento que involucre a todo su cuerpo, usted arroja a los lados las tablas del féretro, respira hondo y está libre. Este movimiento tendrá más efecto si va acompañado de un grito, un grito salido de las profundidades de su cuerpo.

Recordé el mal humor de Petrus aquella mañana. Si era verdad lo que decía, el mundo estaba pasando por un momento muy difícil.

—Te estaré esperando en el Parador—dijo mientras se alejaba—. Dejaré tu nombre en la recepción.

Lo acompañé con la mirada mientras pude. En los campos a mi izquierda, los labradores habían acabado su jornada y volvían a casa. Decidí hacer el ejercicio en cuanto la noche cayera por completo.

Estaba tranquilo. Era la primera vez que me quedaba completamente solo desde que comencé a recorrer el Extraño Camino de Santiago. Me levanté y di un paseo por las inmediaciones, pero la noche estaba cayendo rápido y decidí regresar al árbol, por miedo a perderme. Antes de que la oscuridad cayera por completo, marqué mentalmente la distancia del árbol hasta el Camino. Como no había ni una luz que estorbase mi vista, sería perfectamente capaz de ver el sendero y llegar hasta Santo Domingo de La Calzada tan sólo con el brillo de la fina luna nueva que comenzaba a mostrarse en el cielo.

Hasta ese momento no tenía ningún miedo y creí que se requeriría mucha imaginación para despertar en mí los temores de una muerte horrible, pero no importa cuántos años viva uno; cuando la noche llega, trae consigo temores escondidos en nuestra alma desde la infancia. Mientras más oscurecía, más incómodo me iba sintiendo.

Estaba allí, solo en el campo y, si gritara, nadie me escucharía. Recordé que pude haber sufrido un colapso esa mañana. En toda mi vida, nunca había sentido mi corazón tan descontrolado.

¿Y si hubiese muerto? La vida se habría acabado y era la conclusión más lógica. Durante mi camino en la Tradición había conversado ya con muchos espíritus. Tenía absoluta certeza de la vida después de la Muerte, pero nunca se me había ocurrido preguntar cómo se daba esa transición. Pasar de una dimensión a otra, por más preparado que uno esté, de-

123

be ser terrible. Si hubiese muerto esa mañana, por ejemplo, no tendría el menor sentido el Camino de Santiago, los años de estudio, la nostalgia por la familia, el dinero escondido en mi cinto. Me acordé de una planta que tenía sobre mi mesa de trabajo, en Brasil. La planta continuaría, como continuarían las otras plantas, los camiones, el verdulero de la esquina que siempre cobraba más caro, la telefonista que me informaba sobre los números no incluidos en el directorio. Todas esas pequeñas cosas —que podían desaparecer si hubiese tenido un colapso esa mañana— cobraron de repente una enorme importancia para mí. Eran ellas, y no las estrellas o la sabiduría, las que me decían que estaba vivo.

Ahora la noche estaba muy oscura y en el horizonte podía distinguir el débil brillo de la ciudad. Me acosté en el suelo y me quedé mirando las ramas del árbol sobre mi cabeza. Empecé a oír ruidos extraños, ruidos de toda clase. Eran los animales nocturnos que salían a cazar. Petrus no podía saberlo todo, si era tan humano como yo. ¿Qué garantía podría tener de que realmente no había serpientes venenosas? Y los lobos, los eternos lobos europeos, ¿no podrían haber decidido pasear aquella noche por allí al sentir mi olor? Un ruido más fuerte, semejante al de una rama quebrándose, me asustó y mi corazón se aceleró de nuevo.

Me estaba poniendo muy tenso, lo mejor era hacer pronto el ejercicio e ir al hotel. Comencé a relajarme y crucé las manos sobre el pecho, en posición de muerto. Algo a mi lado se movió; di un salto y de inmediato me puse en pie.

No era nada. La noche había invadido todo y había traído consigo los terrores del hombre. Me volví a acostar, esta vez decidido a transformar cualquier miedo en un estímulo para el ejercicio. Noté que, a pesar de que la temperatura había bajado bastante, estaba sudando.

Imaginé que estaban cerrando el féretro y que los tomillos eran colocados en su sitio. Estaba inmóvil, pero vivo, y tenía ganas de decirle a mi familia que estaba viéndolo todo, que los amaba, pero ningún sonido salía de mi boca. Mi padre, mi madre llorando, los amigos en torno mío, ¡y yo estaba solo! Con tanta gente querida allí, nadie era capaz de darse cuenta que yo estaba vivo, que aún no había hecho todo lo que deseaba hacer en este mundo. Intentaba desesperadamente abrir los ojos, hacer alguna seña, dar un empujón a la tapa del féretro, pero nada en mi cuerpo se movía.

Sentí que el féretro se movía, estaban llevándome hacia la tumba. Podía oír el ruido de argollas rozando las agarraderas de fierro, los pasos de las personas atrás, una que otra voz conversando. Alguien dijo que tenía una cena más tarde, otro comentó que yo había muerto tempranamente. El olor de las flores alrededor de mi cabeza comenzó a sofocarme.

Recordé que había dejado de cortejar a dos o tres mujeres, por temor a ser rechazado. Recordé también que hubo ocasiones en que dejé de hacer lo que quería, creyendo que podría hacerlo más tarde. Sentí una enorme pena por mí, no sólo porque estaba siendo enterrado vivo, sino porque había tenido miedo de vivir. ¿Cuál era el miedo de toparse con un "no", de dejar algo para después, si lo más importante de todo era gozar plenamente la vida? Allí estaba yo, encerrado en un ataúd, y ya era demasiado tarde para volver atrás y mostrar el valor que necesitaba haber tenido.

Allí estaba yo, que había sido mi propio Judas traicionándome a mí mismo. Allí estaba sin poder mover un músculo, gritando mentalmente, pidiendo socorro y las personas allá afuera, inmersas en la vida, preocupadas con lo que harían por la noche, mirando las estatuas y edificios que yo nunca más volvería a ver. Un sentimiento de gran injusticia me invadió por haber sido enterrado mientras los otros continuaban viviendo. Mejor habría sido una gran catástrofe y todos juntos en el mismo barco, con dirección al mismo punto negro hacia el cual me transportaban ahora. ¡Socorro! ¡Estoy vivo, no morí, mi cabeza continúa funcionando!

Colocaron mi féretro en la orilla de la sepultura. ¡Van a enterrarme! ¡Mi mujer me olvidará, se casará con otro y va a gastar el dinero que durante todos estos años luchamos por juntar! ¿Pero qué importa todo eso? ¡Quiero estar con ella ahora porque estoy vivo!

Escucho llantos, siento como si de mis ojos también rodaran dos lágrimas. Si ellos abrieran el ataúd ahora, verían y me salvarían. Pero todo lo que siento es el féretro bajando en la tumba. De repente todo se queda a oscuras. Antes entraba un hililllo de luz por la orilla de la caja, pero ahora la oscuridad es total. Las palas de los enterradores están sellando la tumba, ¡y yo estoy vivo! ¡Enterrado vivo! Siento el aire pesado, el olor de las flores es insoportable y oigo los pasos de las personas que se van. El terror es absoluto. No logro moverme, y si se van ahora en poco tiempo será de noche y ¡nadie me va a escuchar golpeando en la tumba!

Los pasos se alejan, nadie oye los gritos que da mi pensamiento, estoy solo en la oscuridad, el aire sofocado, el olor de las flores empieza a enloquecerme. De repente oigo un ruido. Son los gusanos, los gusanos acercándose a devorarme vivo. Intento con todas mis fuerzas mover alguna parte de mi cuerpo, pero todo permanece inerte. Los gusanos comienzan a subir por mi cuerpo. Son grasientos y fríos. Se pasean por mi rostro, entran por mis pantalones. Uno de ellos penetra en mi ano, otro comienza a desaparecer por una fosa de mi nariz. ¡Socorro! Estoy siendo devorado vivo y nadie me escucha, nadie me dice nada. El gusano que entró por mi nariz desciende por mi garganta. Siento otro entrando por mi oído. ¡Necesito salir de aquí! ¿Dónde está Dios, que no responde? Comenzaron a devorar mi garganta ¡y ya no voy a poder gritar nunca más! Están entrando por todas partes, por el oído, por las comisuras de la boca, por el orificio del pene. Siento aquellas cosas babosas y grasientas dentro de mí, ¡tengo que gritar, tengo que liberarme! Estoy encerrado en esta tumba oscura y fría, solo, ¡siendo devorado vivo! ¡Está faltando el aire y los gusanos me están comiendo! Tengo que moverme, ¡tengo que reventar este ataúd! Dios mío, ¡junta todas mis fuerzas porque me tengo que mover! TENGO QUE SALIR DE AQUÍ; TENGO… ¡VOY A MOVERME! ¡VOY A MOVERME!

¡LO LOGRÉ!

Las tablas del féretro salieron volando hacia cada lado, la tumba desapareció y yo llené mi pecho con aire puro del Camino de Santiago. Mi cuerpo temblaba de pies a cabeza, empapado de sudor. Me moví un poco y noté que mis esfínteres se habían soltado, pero ya nada de esto tenía importancia: estaba vivo.

La temblorina continuaba y no hice el menor esfuerzo por controlarlo. Me invadió una inmensa sensación de calma interior y sentí una especie de presencia a mi lado. Miré y vi el rostro de mi Muerte. No era la Muerte que había experimentado minutos antes, la Muerte creada por mis terrores y por mi imaginación, sino mi verdadera Muerte, amiga y consejera, que jamás me dejaría ser cobarde un solo día de mi vida. A partir de ahora, ella me ayudaría más que la mano y los consejos de Petrus. No permitiría que yo dejara para después todo lo que podía vivir ahora, no me dejaría huir de las luchas de la vida y me ayudaría a librar el Buen Combate. Nunca más, en ningún momento, me sentiría ridículo al hacer cualquier cosa, porque allí estaba ella, diciendo que cuando me tomara de las manos para que viajáramos hasta otros mundos, yo no debía llevar conmigo el mayor de todos los pecados: el Arrepentimiento. Con la certeza de su presencia, mirando su amable rostro, tuve la seguridad de que bebería con avidez de la fuente de agua viva que es esta existencia.

La noche no tenía más secretos ni terrores. Era una noche feliz, una noche de paz. Cuando el temblor cesó, me levanté y caminé con dirección a las bombas de agua de los labradores. Lavé las bermudas y me puse las otras que traía en la mochila. Después, volví al árbol y me comí los dos emparedados que Petrus había dejado para mí. Era el alimento más delicioso del mundo, porque estaba vivo y la Muerte ya no me espantaba.

Decidí dormir allí mismo. Finalmente, la oscuridad nunca había sido tan tranquila.

Los vicios personales

Estábamos en un campo inmenso, un campo de trigo plano y monótono que se extendía por todo el horizonte. El único detalle que rompía el tedio del paisaje era una columna medieval rematada por una cruz, la cual marcaba el camino de los peregrinos. Al llegar frente a la columna, Petrus dejó la mochila en el suelo y se arrodilló. Pidió que hiciese lo mismo.

—Vamos a rezar. Vamos a rezar por la única cosa que derrota a un peregrino una vez que ha encontrado su espada: los vicios personales. Por más que él aprenda con sus Grandes Maestres cómo manejar el acero, una de sus manos será siempre su peor enemigo. Vamos a rezar para que, en caso de que consigas tu espada, la sostengas siempre con la mano que no te colma de oprobio.

Eran las dos de la tarde. No se oía un solo ruido y Petrus comenzó:

"Tened piedad, Señor, porque somos peregrinos camino a Compostela, y esto puede ser un vicio. Haced en vuestra infinita piedad que jamás consigamos volver el conocimiento contra nosotros mismos.

"Tened piedad de los que tienen piedad de sí mismos y se creen buenos y desfavorecidos por la justicia de la vida, porque no merecían las cosas que les sucedieron —pues jamás conseguirán librar el Buen Combate—. Y tened piedad de los que son crueles consigo mismos y sólo ven maldad en los propios actos, y que se consideran culpables por las injusticias del mundo, porque éstos no conocen tu ley que dice: 'aun los cabellos de tu cabeza están contados'.

"Tened piedad de los que mandan y de los que sirven muchas horas al día y se sacrifican a cambio de un domingo en que todo está cerrado y no hay a dónde ir. Pero tened piedad de los que santifican vuestra obra y trascienden los límites de su propia locura y terminan endeudados o clavados en la cruz por sus propios hermanos, porque éstos no conocieron tu ley que dice: 'sé prudente como las serpientes y simple como las palomas'.

"Tened piedad porque el hombre puede vencer al mundo y no trabar nunca el Buen Combate consigo mismo. Pero tened piedad de los que vencieron el Buen Combate consigo mismos y ahora están por las esquinas y bares de la vida, porque no consiguieron vencer al mundo, porque éstos no conocieron tu ley que dice: 'quien observa mis palabras tiene que edificar su casa en la roca'.

"Tened piedad de los que tienen miedo de tomar en su mano una pluma, un pincel, un instrumento, una herramienta, porque creen que alguien ya lo hizo mejor que ellos y no se sienten dignos de entrar en la mansión portentosa del Arte. Pero tened más piedad de los que tomaron en su mano una pluma, un pincel, un instrumento, una herramienta y transformaron la inspiración en una forma mezquina de sentirse mejores que los otros. Éstos no conocieron tu ley que dice: 'nada está oculto sino para ser manifestado, y nada se hace a escondidas sino para ser revelado'.

"Tened piedad de los que comen y beben, y se hartan, pero son infelices y solitarios en su hartazgo. Pero tened más piedad de los que ayunan, censuran, prohíben y se sienten santos y van a predicar Tu nombre por las plazas, porque éstos no conocen tu ley que dice: 'si yo testifico respecto de mí mismo, mi testimonio no es verdadero'.

"Tened piedad de los que temen la Muerte y desconocen los muchos reinos que caminaron y las muchas muertes que ya murieron, y son infelices porque piensan que todo acabará un día. Pero tened más piedad de los que ya conocieron sus muchas muertes y hoy se consideran inmortales, porque desconocen tu ley que dice: 'quien no nace de nuevo no podrá ver el Reino de Dios'.

"Tened piedad de los que se esclavizan por el lazo de seda del amor y se creen dueños de alguien y sienten celos y se matan con veneno y se torturan porque no logran ver que el amor cambia como el viento y como todas las cosas. Pero tened más piedad de los que mueren de miedo de amar y rechazan el amor en nombre de un amor mayor que no conocen, porque no conocen tu ley que dice: 'quien bebiere de esta agua, nunca más volverá a tener sed'.

"Tened piedad de los que reducen el Cosmos a una explicación, Dios es una poción mágica y el hombre un ser con necesidades básicas que necesitan satisfacerse, porque éstos nunca oirán la música de las esferas. Pero tened más piedad de los que poseen la fe ciega y en los laboratorios transforman mercurio en oro y están rodeados de libros sobre los secretos del Tarot y el poder de las pirámides, porque éstos no conocen tu ley que dice: 'es de los niños el reino de los cielos'.

"Tened piedad de los que no ven a nadie que no sea ellos mismos, y para quienes los otros son un escenario difuso y distante cuando van por la calle en sus limusinas, y se encierran en oficinas con aire acondicionado en el último piso, y sufren en silencio la soledad que da el poder. Pero tened piedad de los que renuncian a todo, y son caritativos y procuran vencer al mal tan sólo con amor, porque éstos desconocen tu ley que dice: 'quien no tiene espada, que venda su capa y compre una'.

"Tened piedad, Señor, de nosotros que buscamos y osamos empuñar la espada que prometisteis, y que somos un pueblo santo y pecador, esparcido por la tierra. Porque no nos reconocemos a nosotros mismos, y muchas veces pensamos que estamos vestidos y estamos desnudos, pensamos que cometemos un crimen y en realidad salvamos a alguien. No os olvidéis en vuestra piedad de todos los que empuñamos la espada con la mano de un ángel y la mano de un demonio afirmadas en el mismo puño, porque estamos en el mundo, continuamos en el mundo y precisamos de ti. Necesitamos siempre de tu ley que dice: 'cuando os mandé sin bolsa, sin alforja y sin sandalias nada os faltó'."

Seguía habiendo silencio. Petrus dejó de rezar y miraba fijamente el campo de trigo que nos rodeaba.

La conquista

Cierta tarde llegamos a las ruinas de un antiguo castillo de la Orden del Temple. Nos sentamos a descansar, Petrus fumó su habitual cigarro y yo bebí un poco del vino que sobró de la comida. Miré el paisaje a nuestro alrededor: algunas casas de labradores, la torre del castillo, el campo con ondulaciones, la tierra abierta, preparada para la siembra. De repente, a mi derecha, pasando junto a los muros en ruinas, un pastor regresaba del campo con sus ovejas. El cielo estaba rojo y la polvareda levantada por los animales tomó el paisaje difuso, como si fuera un sueño, una visión mágica. El pastor levantó la mano e hizo un ademán; le respondimos.

Las ovejas pasaron ante nosotros y siguieron su camino. Petrus se levantó. La escena lo había impresionado.

—Vámonos rápido. Necesitamos apurarnos —dijo.

—¿Por qué?

—Porque sí. Además, ¿no te parece que llevamos ya mucho tiempo en el Camino de Santiago?

Pero algo me decía que su prisa estaba relacionada con la escena mágica del pastor y sus ovejas.

Dos días después llegamos cerca de unas montañas que se elevaban al sur, rompiendo con la monotonía de los inmensos campos cubiertos de trigo. El terreno presentaba algunas elevaciones naturales, pero estaba bien señalizado por las marcas amarillas del padre Jorge. Mientras tanto, Petrus, sin darme explicaciones, comenzó a alejarse de las señales amarillas y a penetrar cada vez más hacia el norte. Llamé su atención sobre ese hecho, y respondió con sequedad diciendo que era mi guía y sabía a dónde me llevaba.

Después de casi media hora de caminar, comencé a oír un ruido como de un salto de agua. Alrededor sólo estaban los campos quemados por el sol y empecé a imaginar qué rumor sería ése. Pero, a medida que caminábamos, el ruido aumentaba cada vez más, hasta no dejar la menor sombra de duda de que provenía de una cascada. Lo único fuera de lo común es que miraba en derredor y no podía ver ni montañas ni cascadas.

Al cruzar una pequeña elevación me encontré entonces con una extravagante obra de la naturaleza: en una depresión del terreno donde cabría un edificio de cinco pisos, una cortina de agua se precipitaba con dirección al centro de la tierra. En las orillas del inmenso agujero, una exuberante vegetación, completamente distinta de la del sitio en que pisaba, enmarcaba la caída de agua.

—Vamos a bajar aquí —dijo Petrus.

Comenzamos a bajar y recordé a Julio Verne, pues era como si caminásemos con dirección al centro de la tierra. La bajada era escarpada y difícil, y tuve que agarrarme de ramas espinosas y piedras cortantes para no caer. Llegué al fondo de la depresión con los brazos y piernas completamente arañados.

—Bella obra de la naturaleza—dijo Petrus.

Estuve de acuerdo. Un oasis en medio del desierto, con la vegetación espesa y gotas de agua formando arco iris, eran tan hermosos vistos de abajo como desde arriba.

—Aquí la naturaleza muestra su fuerza —insistió.

—Es verdad —asentí.

—Y permite que también nosotros mostremos nuestra fuerza. Vamos a remontar esa cascada por en medio del agua —dijo mi guía.

Miré de nuevo el escenario frente a mí. Ya no veía el bello oasis, el complejo capricho de la naturaleza. Estaba ante una enorme pared de más de quince metros de altura, por donde el agua caía con fuerza ensordecedora. El pequeño lago formado por la caída de agua tenía un nivel que no rebasaba a un hombre parado, ya que el río se deslizaba con un ruido aturdecedor por una abertura que debía llegar a las profundidades de la tierra. No había en el paredón asideros de los que pudiera agarrarme, ni profundidad suficiente en el pequeño lago para amortiguar la caída de nadie. Estaba ante una tarea absolutamente imposible.

Recordé una escena sucedida cinco años atrás, en un ritual extremadamente peligroso y que exigía —como éste— una escalada. El Maestre me dio la oportunidad de decidir si quería continuar o no. Yo era más joven, estaba fascinado por sus poderes y por los milagros de la Tradición, y decidí aceptar. Era necesario demostrar mi valor y mi valentía.

Después de casi una hora de escalar la montaña, cuando estaba ante la parte más difícil, un viento surgió con una fuerza inesperada y tuve que agarrarme con todas las fuerzas de la pequeña plataforma en que me apoyaba, para no precipitarme al vacío. Cerré los ojos, esperando lo peor, y mantuve las uñas clavadas en la roca. Cuál sería mi sorpresa al darme cuenta de que, de inmediato, alguien me ayudaba a cambiar a una posición más cómoda y segura. Abrí los ojos y el Maestre estaba a mi lado.

Hizo algunos ademanes en el aire y de repente el viento dejó de soplar. Con una agilidad misteriosa, en la que había momentos de puro ejercicio y levitación, bajó la montaña y me pidió que hiciera lo mismo.

Llegué abajo con las piernas temblorosas y pregunté indignado por qué no hizo que el viento se detuviera antes de que me alcanzara.

—Porque fui yo quien ordenó al viento que soplara —respondió.

—¿Para que me matara?

—Para salvarte. Serías incapaz de subir esta montaña. Cuando pregunté si querías subir, no estaba poniendo a prueba tu valor, sino tu sabiduría.

"En tu mente creaste una orden que no te di —dijo el Maestre—. Si supieras levitar no habría problema. Pero te propusiste ser valiente, cuando bastaba ser inteligente.

Ese día me habló de magos que habían enloquecido en el proceso de iluminación, y que ya no podían distinguir sus propios poderes y los de sus discípulos. A lo largo de mi vida conocí grandes hombres en el terreno de la Tradición. Llegué a conocer tres grandes Maestres —incluyendo al mío— que eran capaces de llevar el dominio del plano físico a situaciones mucho más allá de lo que cualquier hombre es capaz de soñar. Vi milagros, predicciones exactas del futuro, conocimiento de encarnaciones pasadas. Mi Maestre me habló de la guerra de las Malvinas dos meses antes de que los argentinos invadieran las islas. Describió todo con detalles y me explicó el porqué —en el plano astral— de ese conflicto.

Pero, a partir de ese día, empecé a notar que además de eso hay Magos, como dijo el Maestre, que "enloquecieron en el proceso de iluminación". Eran personas casi iguales en todo a los Maestres, incluso en los poderes: vi a uno de ellos hacer que germinara una semilla en quince minutos de concentración extrema. Pero este hombre, y algunos otros, ya habían llevado muchos discípulos a la locura y la desesperación. Hubo casos de personas que habían ido a parar a hospitales psiquiátricos, y por lo menos una historia confirmada de suicidio. Estos hombres estaban en la llamada "lista negra" de la Tradición, pero era imposible mantener control sobre ellos, y sé que muchos continúan ejerciendo hasta hoy.

Toda esta historia me pasó por la mente en una fracción de segundo, al mirar la cascada imposible de escalar. Pensé en el tiempo inmenso durante el cual Petrus y yo habíamos caminado juntos, recordé al perro que me atacó y no le hizo ningún daño, de la pérdida de control en el restaurante con el muchacho que nos atendía, de la borrachera en la fiesta de la boda. Sólo conseguía recordar esto.

—Petrus, de ninguna manera voy a subir esa cascada, por una sola razón: es imposible.

No respondió nada. Se sentó en el pasto verde y yo hice lo mismo. Permanecimos casi quince minutos en silencio. Su silencio me desarmó y tomé la iniciativa de hablar de nuevo.

—Petrus, no quiero subir esa cascada porque me voy a caer. Y sé que no voy a morir, pues cuando vi el rostro de mi Muerte, vi también el día en que va a llegar, pero puedo caer y quedar lisiado por el resto de mis días.

—Paulo, Paulo… —me miró y sonrió. Había cambiado por completo. Su voz reflejaba un poco del Amor que Devora y sus ojos estaban brillantes.

—¿Vas a decir que estoy rompiendo un juramento de obediencia que hice antes de comenzar el Camino?

—No estás rompiendo ese juramento. No tienes miedo ni pereza. Tampoco debes haber pensado que estoy dándote una orden inútil. No quieres subir porque debes estar pensando en los Magos Negros.[1] Usar su poder de decisión no significa romper un juramento. Este poder no se le niega nunca al peregrino.

Miré la cascada y volví a mirar a Petrus. Valoraba si había posibilidades de subir y no encontraba ninguna.

—Pon atención —continuó—. Voy a subir antes que tú, sin utilizar ningún don y voy a lograrlo. Si lo logro, simplemente porque supe dónde colocar los pies, tendrás que hacer lo mismo. De esta manera anulo tu poder de decisión. Si te rehusas, después de verme subir, es porque estás rompiendo un juramento.

Petrus comenzó a quitarse los tenis. Era por lo menos diez años mayor que yo y, si lograba subir, yo no tenía ninguna excusa. Miré la cascada y sentí un frío en el vientre.

Pero no se movió. A pesar de haberse descalzado, continuó sentado en el mismo lugar. Miró al cielo y dijo:

—A algunos kilómetros de aquí, en 1502 hubo una aparición de la Virgen a un pastor. Hoy es su fiesta —la fiesta de

[1] Nombre dado, en la Tradición, a los Maestres que perdieron el contacto mágico con el discípulo, conforme lo explicado anteriormente en este mismo capítulo. También se usa la expresión para designar a Maestres que detuvieron su proceso de conocimiento tras dominar sólo las fuerzas de la tierra.

la virgen del Camino— y voy ofrecerle mi conquista a ella. Te aconsejo hacer lo mismo, ofrecerle una conquista. No ofrezcas el dolor de tus pies ni las heridas de tus manos por las piedras. El mundo entero ofrece sólo el dolor de sus penitencias. No hay nada condenable en esto, pero creo que ella estaría feliz si, además de los dolores, los hombres le ofreciesen también sus alegrías.

No estaba con ánimos de hablar. Continuaba dudando de la capacidad de Petrus de subir la pared. Me pareció que todo aquello era una farsa y que en realidad me estaba envolviendo con su manera de hablar, para después obligarme a hacer lo que no quería. No obstante, por si acaso, cerré los ojos un instante y le recé a la virgen del Camino. Prometí que si Petrus y yo escalábamos la pared, volvería a ese lugar algún día.

—Todo lo que aprendiste hasta ahora sólo tiene sentido si se aplica a alguna cosa. Acuérdate que te dije que el Camino de Santiago es el camino de las personas comunes. Te lo he dicho miles de veces. En el Camino de Santiago, y en la propia vida, la sabiduría sólo tiene valor si puede ayudar al hombre a vencer algún obstáculo.

"Un martillo no tendría sentido si en el mundo no existiesen clavos que golpear. Y aun cuando hubiera clavos, el martillo no tendría utilidad si se limitara a pensar: 'puedo meter esos clavos con dos golpes'. El martillo tiene que actuar, entregarse a la mano del dueño y ser utilizado en su función.

Recordé las palabras del Maestre en Itatiaia: quien posee una espada, tiene que ponerla a prueba constantemente, para que no se oxide en la vaina.

—La cascada es el lugar donde vas a poner en práctica todo lo que has aprendido hasta ahora —dijo mi guía—. Ya tienes algo a tu favor: conoces la fecha de tu Muerte y este miedo no te dejará paralizado cuando tengas que decidir rápidamente dónde apoyarte, pero recuerda que deberás trabajar con el agua y construir en ella todo lo necesario; también, que necesitas clavar una uña en el pulgar si algún mal pensamiento te domina.

"Y, sobre todo, que debes apoyarte cada instante de la subida en el Amor que Devora, porque él es quien guía y justifica todos tus pasos.

Petrus dejó de hablar. Se quitó la camisa, las bermudas y se quedó completamente desnudo. Luego entró en el agua fría del pequeño lago, se sumergió por completo y abrió los brazos al cielo. Vi que estaba contento, aprovechando la frescura del agua y los arco iris que las gotas formaban a nuestro alrededor.

—Una cosa más —dijo antes de entrar bajo el velo de la cascada—: esta caída de agua te enseñará a ser maestre. Voy a subir, pero hay un velo de agua entre tú y yo. Subiré sin que puedas ver bien dónde coloco mis pies y mis manos.

"De la misma forma, un discípulo nunca puede imitar los pasos de su guía, porque cada uno tiene una manera de ver su vida, de convivir con las dificultades y con las conquistas. Enseñar es mostrar qué es posible. Aprender es volverse posible a sí mismo.

Y no dijo más. Entró bajo el velo de la cascada y comenzó a subir. Apenas veía su bulto, como se ve alguien a través de un vidrio opaco, pero me di cuenta de que estaba subiendo. Lenta e inexorablemente, avanzaba con dirección a lo alto. Mientras más se acercaba al final, más miedo tenía porque me llegaría el momento de hacer lo mismo. Finalmente, el instante más terrible llegó: emerger a través del agua que caía, sin saltar a la orilla. La fuerza del agua podría arrojarlo de regreso al suelo, pero la cabeza de Petrus asomó allá arriba y el agua que caía se convirtió en un manto plateado. La visión duró muy poco, porque en un movimiento rápido impulsó todo su cuerpo hacia arriba, agarrándose de alguna manera al borde, pero aún dentro del curso del agua. Por unos instantes lo perdí de vista: finalmente Petrus apareció en una de las orillas, su cuerpo estaba mojado, lleno de luz y sonriente.

—¡Vamos! —gritó haciendo señas con las manos—. Ahora te toca.

Ahora me tocaba o tendría que renunciar para siempre a mi espada.

Me quité toda la ropa y le recé de nuevo a la virgen del Camino. Después, sumergí la cabeza en el agua. Estaba helada y mi cuerpo quedó rígido por la impresión, pero luego experimenté una sensación agradable: la de estar vivo. Sin pensar mucho, caminé hacia la cascada.

La sensación del agua sobre mi cabeza me devolvió el absurdo "sentido de la realidad" que mengua al hombre en el momento en que más necesita su fe y su fuerza. Me di cuenta de que la cascada era mucho más fuerte de lo que había pensado y que si el agua cayera directo sobre mi pecho podría derribarme, aun con ambos pies apoyados en la seguridad del fondo del lago. Atravesé la cortina y quedé entre la piedra y el agua, en un pequeño espacio en que cabía sólo mi cuerpo pegado a la roca. Y allí vi que la tarea era más fácil de lo que pensaba:

El agua no golpeaba ese lugar y, lo que por fuera me parecía una enorme pared pulida, en realidad era una piedra llena de huecos. Sentí un mareo sólo de pensar que pude haber renunciado a mi espada por miedo a una piedra lisa, cuando en realidad era un tipo de roca que ya había escalado decenas de veces. Parecía estar oyendo la voz de Petrus diciéndome: "¿Ves? Después de resuelto, un problema es de una sencillez aterradora".

Comencé a subir con el rostro pegado a la roca húmeda. En diez minutos ya había recorrido casi todo el camino. Faltaba sólo una cosa: el final, el lugar donde el agua pasaba antes de precipitarse al vacío. La victoria conquistada en esa subida no serviría de nada si no consiguiera vencer el pequeño trecho que me separaba del aire libre. Allí estaba el peligro, y era un peligro que no había visto bien cómo había sorteado Petrus. Volví a rezarle a la virgen del Camino, una virgen de la cual nunca antes había oído hablar y que, no obstante, en aquel momento era depositaria de toda mi fe, de toda mi esperanza en la victoria. Con todo cuidado, comencé a acercar mis cabellos, después la cabeza, al torrente de agua que rugía sobre mí.

El agua me envolvió por completo y enturbió mi visión. Sentí su impacto y me agarré firmemente a la roca, incliné la cabeza, de manera que pudiese formar una bolsa de aire donde respirar. Confiaba totalmente en mis manos y en mis pies. Las manos ya habían sostenido una vieja espada y los pies habían recorrido el Extraño Camino de Santiago. Eran mis amigos y me estaban ayudando. Aun así, el estruendo del agua en mis oídos era ensordecedor y comencé a tener dificultades para respirar.

Decidí atravesar la corriente con la cabeza y durante algunos segundos vi todo negro en derredor. Luchaba con todas mis fuerzas por mantener los pies y las manos agarrados a las salientes, pero el ruido del agua parecía transportarme a otro lugar, un sitio misterioso y distante, donde nada de aquello tenía la menor importancia, donde podría llegar si me entregase a aquella fuerza. Ya no habría necesidad del esfuerzo sobrehumano que mis pies y manos estaban realizando para mantenerse pegados a la roca: todo sería descanso y paz.

Sin embargo, pies y manos no obedecieron el impulso de entregarme. Habían resistido una tentación mortal y mi cabeza comenzaba a emerger lentamente, de la misma manera que había entrado. Me invadió un profundo amor por mi cuerpo, que estaba allí, ayudándome en una aventura tan loca, como la de un hombre que remonta una cascada en busca de una espada.

Cuando mi cabeza emergió por completo, vi el sol brillando sobre mí y aspiré profundamente el aire que me rodeaba. Esto me dio nuevo vigor. Miré en derredor y divisé, a algunos centímetros de mí, la planicie por donde habíamos caminado antes, y que era el final de la jornada. Sentí un impulso gigantesco de lanzarme y agarrarme de algún lado, pero no divisaba ningún hueco por el agua que caía. El impulso final era grande, pero no había llegado el momento de la conquista y debía controlarme. Permanecí en la posición más difícil de toda la escalada, con el agua golpeando mi pecho, la presión luchando por devolverme al fondo, de donde me había atrevido a salir por causa de mis sueños.

No era el momento de pensar en Maestres o amigos, y no podía mirar a un lado a ver si Petrus estaba en condiciones de salvarme, si me resbalase. "Debe de haber hecho esta escalada un millón de veces" —pensé—, "y sabe que en este punto necesito desesperadamente de ayuda". Pero me abandonó, o tal vez no y quizá esté detrás de mí, pero no puedo voltear la cabeza porque esto me haría perder el equilibrio. Tengo que hacerlo todo. Tengo que lograr solo mi Conquista.

Mantuve ambos pies y una de las manos aferrados a la roca, mientras la otra se soltaba y trataba de entrar en armonía con el agua. No debía ofrecer la menor resistencia, porque ya estaba utilizando al máximo mis fuerzas. Mi mano, sabiendo esto, se transformó en un pez que se entregaba, pero que sabía a dónde deseaba llegar. Recordé películas de la infancia, donde veía salmones saltando entre caídas de agua, porque también ellos tenían una meta que debían alcanzar.

El brazo fue subiendo lentamente, aprovechando la propia fuerza del agua. Conseguí al final sacarlo y ahora correspondía a él, exclusivamente, descubrir el apoyo y el destino para el resto de mi cuerpo. Como un salmón de las películas de la infancia, volvió a sumergirse en el agua sobre la planicie, en busca de un lugar, de un punto cualquiera donde pudiese apoyarme para el salto final.

La piedra había sido lavada y pulida durante siglos de agua corriendo por ella, pero debía haber algún hueco: si Petrus lo logró, yo también podía. Empecé a sentir mucho dolor, pues ahora sabía que estaba a un paso del final, y éste era el momento en que las fuerzas flaquean y el hombre pierde confianza en sí mismo. En mi vida, algunas veces perdí en el último momento: había nadado todo un océano y casi me ahogo donde se rompen las olas. Pero estaba haciendo el Camino de Santiago y esta historia no podía repetirse por siempre; necesitaba vencer ese día.

La mano libre se deslizaba por la roca pulida y la presión era cada vez más fuerte. Sentía que los otros miembros ya no aguantaban más, y que podría sufrir calambres en cualquier momento. El agua golpeaba con fuerza también mis genitales y el dolor era intenso. De repente, la mano libre logró encontrar un hueco en la piedra. No era grande y estaba fuera del camino de ascenso, pero serviría de apoyo para la otra mano, cuando llegara su turno. Marqué mentalmente el sitio y la mano libre salió de nuevo en busca de mi salvación. A pocos centímetros del primer hueco, me esperaba otra base de apoyo.

Allí estaba. Allí estaba el lugar que durante siglos sirvió de apoyo a los peregrinos camino de Santiago. Lo advertí y me agarré con todas mis fuerzas.

La otra mano se soltó, la fuerza del río la arrojó hacia atrás, pero describió un gran arco en el cielo y encontró el lugar que la aguardaba. En un movimiento inmediato, todo mi cuerpo siguió el camino abierto por mis brazos y me impulsé hacia arriba.

El gran y último paso fue dado. Todo el cuerpo atravesó el agua y enseguida, toda la brutalidad de la cascada se redujo a apenas un hilo de agua, casi sin corriente. Me arrastré hacia la orilla y me entregué al cansancio. El sol daba de lleno en mi cuerpo, me calentaba, recordándome de nuevo que había vencido y que continuaba tan vivo como antes, cuando estaba en el lago allá abajo.

A pesar del estrépito del agua sentí los pasos de Petrus acercándose. Quise levantarme para expresar mi alegría, pero el cuerpo exhausto rehusó obedecer.

—Quédate tranquilo, descansa —dijo él—. Trata de respirar lentamente.

Así lo hice y caí en un sueño profundo, pero sin soñar. Cuando desperté, el sol había cambiado de posición, y Petrus, ya completamente vestido, me pasó mi ropa y dijo que era hora de continuar.

—Estoy muy cansado —respondí.

—No te preocupes. Voy a enseñarte a sacar energía de todo lo que te rodea.

Y Petrus me enseñó el SOPLO DE RAM.

Realicé el ejercicio durante cinco minutos y me sentí mejor. Me levanté, me puse la ropa y cogí la mochila.

El Soplo de RAM

Exhale todo el aire de sus pulmones; vacíelos hasta donde le sea posible. Después, comience a aspirar lentamente a medida que levanta los brazos en alto. Mientras aspira, concéntrese en que se está llenando de amor, paz y armonía con el universo.

Contenga la respiración y mantenga los brazos en alto el mayor tiempo posible, gozando de la armonía interior y exterior. Cuando llegue al límite, suelte todo el aire en una rápida expiración, mientras pronuncia la palabra RAM.

Repita esto durante cinco minutos.

—Ven aquí —dijo Petrus. Y caminé hasta el borde de la planicie. Bajo mis pies rugía la cascada.

—Vista de aquí parece mucho más fácil que vista desde abajo —dije.

—Exactamente. Y si te hubiera mostrado este panorama antes, te habrías engañado y evaluado mal tus posibilidades.

Seguía sintiéndome débil y repetí el ejercicio. Al poco rato, todo el universo a mi alrededor comenzó a entrar en armonía conmigo y a penetrar en mi corazón. Pregunté por qué no me había enseñado el SOPLO DE RAM antes; muchas veces había sentido pereza y cansancio en el Camino de Santiago.

—Porque nunca lo demostraste —dijo riendo, y luego me preguntó si aún tenía los deliciosos bizcochos de mantequilla que había comprado en Astorga.

La locura

Hace casi tres días estuvimos haciendo una especie de marcha forzada. Petrus me despertaba antes del alba y no parábamos de caminar sino hasta las nueve de la noche. Los únicos descansos concedidos eran para las comidas, ya que mi guía había abolido la siesta de inicios de la tarde.

Daba la impresión de estar siguiendo un misterioso programa, que no me había sido dado a conocer. Además, había cambiado por completo su comportamiento. Al principio pensé que era por mi duda en el episodio de la cascada, pero me di cuenta de que no. Se mostraba irritado con todos y miraba su reloj varias veces al día. Recordé sus palabras: nosotros mismos creamos la noción de tiempo.

—Cada día te vuelves más experto —respondió—. Veremos si pones en práctica toda tu experiencia cuando la necesites.

Una tarde estaba tan cansado con el ritmo de la caminata que simplemente no podía levantarme. Entonces, Petrus me ordenó quitarme la camisa y que apoyara la columna vertebral en un árbol cercano. Me quedé así unos minutos y luego me sentí muy dispuesto a seguir adelante. Él me explicó que los vegetales, principalmente los árboles maduros, son capaces de transmitir armonía cuando alguien recarga su centro nervioso en el tronco. Durante horas, discurrió acerca de las propiedades físicas, energéticas y espirituales de las plantas.

Como ya había leído todo eso en alguna parte, no me preocupé por hacer anotaciones, pero el discurso de Petrus servía para disipar la sensación de que se aburría conmigo. Comencé a ver su silencio con más respeto y él, tal vez adivinando mis preocupaciones, procuraba ser simpático siempre que su constante mal humor se lo permitía.

Cierta mañana llegamos a un inmenso puente, totalmente desproporcionado para el hilito de agua que corría debajo. Era domingo muy temprano, y las tabernas y bares del pueblo cercano aún estaban cerrados. Nos sentamos en el puente para desayunar.

—El hombre y la naturaleza tienen los mismos caprichos —dije, intentando entablar una conversación—. Nosotros construimos bellos puentes y ella se encarga de desviar el curso de los ríos.

—Es la sequía —dijo él—. Acaba pronto tu emparedado porque tenemos que continuar.

Decidí preguntarle por qué tanta prisa.

—Ya te dije que llevo mucho tiempo en el Camino de Santiago. Dejé muchas cosas por hacer en Italia; necesito volver pronto.

La frase no me convenció. Podía ser verdad, pero ése no era el único motivo. Cuando iba a insistir en la respuesta, cambió de tema.

—¿Qué sabes de este puente?

—Nada —respondí—. Y aun con la explicación de la sequía es demasiado desproporcionado. Incluso creo que el río desvió su curso.

—En cuanto a esto, no tengo idea —dijo—, pero en el Camino de Santiago este puente es conocido como "El Paso Honroso". Estos campos que nos rodean fueron escenario de sangrientas batallas entre suevos y visigodos, y, más tarde, entre los soldados de Alfonso III y los moros. Tal vez sea así de grande para que toda esa sangre pudiese correr sin inundar la ciudad.

Fue un intento de humor negro. No me reí. Se quedó un poco confundido, pero continuó:

—Sin embargo, no fueron las huestes visigodas ni los clamores triunfantes de Alfonso III los que dieron el nombre a este puente, sino una historia de amor y de muerte.

"Durante los primeros siglos del Camino de Santiago, mientras de toda Europa llegaban peregrinos, curas, nobles e incluso reyes que querían rendir homenaje al santo, también llegaron asaltantes y bandoleros. La historia registra innumerables casos de robos de caravanas enteras de peregrinos y de crímenes horribles cometidos contra los viajeros solitarios.

Todo se repite, pensé para mis adentros.

—Por eso, algunos nobles caballeros resolvieron crear una forma de dar protección a los peregrinos, y cada uno de ellos se encargó de proteger una parte del Camino. Pero, como los ríos cambian su curso, también el ideal de los hombres está sujeto a cambios. Además de espantar a los malhechores, los caballeros andantes comenzaron a disputar entre ellos por quién era el más fuerte y el más valiente del Camino de Santiago. No pasó mucho antes de que comenzaran a luchar entre sí, y los bandidos volvieron a actuar con impunidad en los caminos.

"Esto fue así durante mucho tiempo hasta que, en 1434, un noble de la ciudad de León se enamoró de una mujer. Se llamaba don Suero de Quiñones, era rico y fuerte, y trató por todos los medios de obtener la mano de su amada en matrimonio. Pero esta señora —cuyo nombre olvidó guardar la historia— no quiso ni saber de esa inmensa pasión y rechazó la petición.

Me moría de curiosidad por saber qué relación había entre un amor rechazado y el pleito de los caballeros andantes. Petrus notó mi interés y dijo que sólo contaría el resto de la historia si me terminaba el emparedado y reemprendíamos la marcha.

—Te pareces a mi madre cuando yo era niño —respondí. Me tragué el último pedazo de pan, tomé la mochila y comenzamos a atravesar la pequeña ciudad adormecida.

Petrus continuó:

—Nuestro caballero, herido en su amor propio, resolvió hacer exactamente lo que todos los hombres hacen cuando se sienten rechazados: comenzar una guerra particular. Se prometió a sí mismo que realizaría una hazaña tan importante que la doncella nunca más olvidaría su nombre. Durante muchos meses, procuró un ideal noble al cual consagrar aquel amor rechazado. Hasta que una noche, oyendo hablar de los crímenes y de las luchas en el Camino a Santiago, tuvo una idea.

"Reunió diez amigos, se instaló en este poblado por donde estamos pasando y mandó divulgar entre los peregrinos que iban y venían por el Camino de Santiago, que estaba dispuesto a permanecer allí treinta días —y quebrar trescientas lanzas— con tal de probar que era el más fuerte y el más osado de todos los caballeros del Camino. Acamparon con sus banderas, estandartes, pajes y criados, y se dispusieron a esperar a los desafiantes.

Me imaginé qué fiesta debió haber sido: jabalíes asados, vino a todas horas, música, historias y lucha. Un cuadro se representó muy vivo en mi mente, mientras Petrus continuaba contando el resto de la historia.

—Las luchas comenzaron el día 10 de julio, con la llegada de los principales caballeros. Quiñones y sus amigos combatían durante el día y por la noche preparaban grandes fiestas. Las luchas eran siempre en el puente, para que nadie pudiese huir.

"En cierta época llegaron tantos desafiantes, que se encendieron hogueras a todo lo largo del puente para que los combates pudieran continuar por la madrugada. Todos los caballeros vencidos eran obligados a jurar que nunca más lucharían contra los otros, y de ahora en adelante su única misión sería proteger a los peregrinos hasta Compostela.

"La fama de Quiñones recorrió en pocas semanas toda Europa. Además de los caballeros del camino, comenzaron a llegar también generales, soldados y bandidos a desafiarlo. Todos sabían que quien consiguiera vencer al bravo caballero de León se volvería famoso de la noche a la mañana, y su nombre se coronaría de gloria. Pero, mientras los otros buscaban tan sólo fama, Quiñones tenía un propósito mucho más noble: el amor de una mujer, y este ideal logró que venciera en todos los combates.

"El día 9 de agosto las luchas terminaron y don Suero de Quiñones fue reconocido como el más bravo y el más valiente de todos los caballeros del Camino de Santiago. A partir de esa fecha, nadie osó contar más bravatas sobre valor, y los nobles volvieron a combatir al único enemigo común: los bandoleros que asaltaban a los peregrinos. Más tarde, esta epopeya daría inicio a la Orden Militar de Santiago de la Espada.

Habíamos acabado de cruzar el pueblo. Sentí ganas de volver a mirar de nuevo "El Paso Honroso", el puente donde se había escenificado toda aquella historia, pero Petrus me pidió que siguiéramos adelante.

—Y ¿qué sucedió con don Quiñones? —pregunté.

—Fue hasta Santiago de Compostela y depositó en su relicario una gargantilla de oro que hasta hoy adorna el busto de Santiago Menor.

—Me refiero a si terminó casándose con la doncella.

—¡Ah! Pues eso no lo sé—respondió Petrus—. En esa época, la historia era escrita sólo por los hombres. Y, entre tantas escenas de luchas, ¿a quién le iba a interesar el final de una historia de amor?

Después de contarme la historia de don Suero Quiñones, mi guía volvió a su mutismo habitual, y caminamos dos días más en silencio, casi sin detenernos a descansar. Sin embargo, al tercer día, Petrus comenzó a andar más despacio de lo normal. Dijo que estaba un poco cansado por todo el esfuerzo de toda esa semana y que ya no tenía la edad ni la disposición para seguir a ese ritmo. Una vez más tuve la certeza de que no estaba diciendo la verdad: su rostro, en vez de cansancio, mostraba una preocupación intensa, como si algo muy importante estuviese por ocurrir.

Esa tarde llegamos a Foncebadón, un poblado inmenso, pero completamente en ruinas. Las casas, construidas con piedra, tenían los tejados de pizarra destruidos por el tiempo y por la pudrición de las vigas de madera. Uno de los lados del poblado daba a un precipicio, y frente a nosotros, detrás de un monte, estaba una de las más importantes señales del

Camino de Santiago: la Cruz de Hierro. Esta vez era yo quien estaba impaciente y queriendo llegar pronto a aquel extraño monumento, compuesto por un mismo tronco de casi diez metros de altura, rematado por una cruz de hierro.

La cruz había sido dejada allí desde la época de la invasión de César, en homenaje a Mercurio. Siguiendo la tradición pagana, los peregrinos de la Ruta Jacobea acostumbraban depositar a sus pies una piedra traída de lejos. Aproveché la abundancia de rocas de la ciudad abandonada y tomé del suelo un trozo de pizarra.

Cuando quise apretar el paso noté que Petrus estaba caminando muy despacio. Examinaba las casas en ruinas, movía troncos caídos y restos de libros, hasta que se sentó en medio de la plaza del lugar, donde había una cruz de madera.

—Vamos a descansar un poco —dijo.

Estaba atardeciendo y, aunque nos quedásemos allí una hora, aún daba tiempo de llegar a la Cruz de Hierro antes de que cayera la noche.

Me senté a su lado y me quedé mirando el paisaje vacío. De la misma manera que los ríos cambiaban de lugar, también cambiaban de lugar los hombres. Las casas eran sólidas y deben de haber tardado mucho tiempo en derrumbarse. Era un lugar bonito, con montañas atrás y un valle enfrente, y me pregunté qué habría llevado a tanta gente a abandonar un lugar como ése.

—¿Crees que don Suero de Quiñones estaba loco? —preguntó Petrus.

Ya no me acordaba quién era don Suero y tuvo que recordarme "El Paso Honroso".

—Creo que no estaba loco —respondí. Pero dudé de mi respuesta.

—Pues sí estaba, al igual que Alfonso, el monje que conociste. Como yo, y la manera de manifestarse esta locura está en los dibujos que hago. O como tú, que buscas tu espada. Todos nosotros tenemos dentro, ardiendo, la llama de la santa locura, que es alimentada por Ágape.

152

"Para esto no necesitas querer conquistar América o conversar con las aves —como San Francisco de Asís—. Un verdulero de la esquina puede manifestar esta llama santa de locura, si le gusta lo que hace. Ágape existe más allá de los conceptos humanos y es contagioso, porque el mundo tiene sed de él.

Petrus me dijo que yo sabía despertar Ágape mediante el Globo Azul. Pero para que Ágape pudiera florecer, yo no podía tener miedo de cambiar mi vida. Si me gustaba lo que estaba haciendo, muy bien, pero si no, siempre había tiempo de cambiar. Permitiendo que sucediera un cambio, yo estaba transformándome en un terreno fértil y dejando que la Imaginación Creadora lanzara semillas sobre mí.

—Todo lo que te enseñé, inclusive Ágape, sólo tiene sentido si estás satisfecho contigo mismo. Si esto no fuera así, los ejercicios que aprendiste van a llevarte inevitablemente a desear un cambio, y para que todos los ejercicios aprendidos no se vuelvan contra ti, es necesario permitir que ocurra un cambio.

"Éste es el momento más difícil de la vida de un hombre. Cuando ve el Buen Combate y se siente incapaz de cambiar de vida e ir a combatir. Si esto sucediere, el conocimiento se volverá contra quien lo posee.

Miré la ciudad de Foncebadón. Tal vez todas esas personas, colectivamente, hubieran sentido esta necesidad de cambiar. Pregunté si Petrus había escogido a propósito ese escenario para decirme eso.

—No sé qué pasó aquí —respondió—. Muchas veces las personas son obligadas a aceptar un cambio provocado por el destino, y no es de esto que estoy hablando, sino de un acto de voluntad, un deseo concreto de luchar contra todo aquello que no te satisface en tu vida diaria.

"En el camino de la existencia siempre encontramos problemas difíciles de resolver. Como, por ejemplo, atravesar el agua de una cascada sin que te derrumbe. Entonces tienes que dejar actuar a la Imaginación Creadora. En tu caso, había allí un desafío de vida o muerte y no había tiempo para pensar en muchas opciones: Ágape te indicó el único camino.

"Pero existen problemas en esta vida en los que tenemos que escoger entre un camino y otro. Problemas cotidianos, como una decisión empresarial, un rompimiento afectivo, un encuentro social. Cada una de estas pequeñas decisiones que estamos tomando a cada minuto de nuestra existencia puede significar elegir entre la vida y la muerte. Cuando sales de casa por la mañana para ir al trabajo, puedes escoger entre un transporte que te deje sano y salvo en la puerta de tu trabajo u otro que chocará y matará a sus ocupantes. Esto es un ejemplo radical de cómo una simple decisión puede afectar a una persona por el resto de su vida.

Comencé a pensar en mí mientras Petrus hablaba. Había escogido hacer el Camino de Santiago, en busca de mi espada. Era lo que más me importaba ahora y necesitaba encontrarla de cualquier manera. Tenía que tomar la decisión correcta.

—La única manera de tomar la decisión correcta es sabiendo cuál es la decisión equivocada —dijo él después de que le comenté mi preocupación—. Es examinar el otro camino sin miedo y sin morbidez y, después de eso, decidir.

Petrus me enseñó entonces *El Ejercicio de las Sombras*.

—Tu problema es tu espada —dijo luego de concluir la explicación del ejercicio.

Asentí.

—Entonces haz este ejercicio ahora. Voy a ir a dar una vuelta; cuando regrese, sé que sabrás la solución correcta.

Recordé la prisa de Petrus durante todos aquellos días y toda esa conversación en la ciudad abandonada. Parecía que estaba buscando ganar tiempo, para también él decidir alguna cosa. Me quedé animado y empecé a hacer el ejercicio.

Hice un poco del Soplo de RAM para armonizar con el ambiente. Después programé quince minutos en mi reloj y comencé a mirar las sombras alrededor. Sombras de las casas en ruinas, de piedra, madera, de la cruz vieja atrás de mí. Mirando las sombras, advertí lo difícil que era saber exactamente qué parte estaba siendo reflejada. Nunca había pensado en

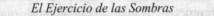

El Ejercicio de las Sombras

Relájese.

Durante cinco minutos, mire atentamente todas las sombras de objetos o personas a su alrededor. Intente saber exactamente qué parte del objeto o de la persona se está reflejando.

En los siguientes cinco minutos continúe haciendo esto, pero, al mismo tiempo, focalice el problema que desea resolver y busque todas sus posibles soluciones equivocadas.

Finalmente, permanezca cinco minutos más mirando las sombras y pensando cuáles son las soluciones correctas que sobraron. Elimine una por una, hasta que quede la solución exacta a su problema.

esto. Algunas vigas rectas se transformaban en objetos angulares, y una piedra irregular tenía un formato redondo al reflejarse. Hice esto durante los primeros diez minutos. No fue difícil concentrarme porque el ejercicio era fascinante. Comencé entonces a pensar en las soluciones equivocadas para encontrar mi espada. Un sinnúmero de ideas pasó por mi mente —desde tomar un camión a Santiago, hasta telefonear a mi mujer y, mediante chantaje emocional, saber dónde la había colocado.

Cuando Petrus regresó yo estaba sonriente.

—¿Y entonces? —preguntó.

—Descubrí cómo escribe sus novelas policiacas Agatha Christie —bromeé—. Transforma la hipótesis más equivocada en la hipótesis más correcta. Debió haber conocido el Ejercicio de las Sombras.

Petrus preguntó dónde estaba mi espada.

—Voy a describirte primero la hipótesis más equivocada que logré elaborar mirando las sombras: la espada está fuera del Camino de Santiago.

—Eres un genio. Descubriste que llevamos buscando tu espada hace ya bastante tiempo. Creí que te lo habían dicho antes de salir de Brasil.

—...Y guardada en un lugar seguro —continué—, adonde mi mujer no tendría acceso. Deduje que está en un lugar absolutamente abierto, pero que se incorporó de tal forma al ambiente que no está visible.

Petrus no se rió esta vez. Continué:

—Y como lo más absurdo sería que estuviese en un lugar lleno de gente, está en un sitio casi desierto; además, para que las pocas personas que la vean no noten la diferencia entre una espada como la mía y una espada típica española, debe de estar en un lugar donde nadie sepa distinguir estilos.

—¿Crees que está aquí? —preguntó él.

—No, no está aquí. Lo más equivocado sería hacer este ejercicio en el lugar donde está la espada. Descarté pronto esa hipótesis, pero debe de estar en una ciudad parecida a ésta. No puede estar abandonada, porque una espada en una ciudad abandonada llamaría mucho la atención de los peregrinos y transeúntes. En poco tiempo estaría adornando las paredes de un bar.

—Muy bien —dijo, y noté que estaba orgulloso de mí o del ejercicio que me había enseñado.

—Hay una cosa más —dije.

—¿Qué es?

—El lugar más equivocado para que esté la espada de un mago sería un lugar profano. Debe estar en un lugar sagrado, como una iglesia, por ejemplo, donde nadie se atrevería a robarla. En pocas palabras: en una iglesia de una pequeña ciudad cerca de Santiago, a la vista de todos, pero armonizando con el ambiente, está mi espada. A partir de ahora, voy a visitar todas las iglesias del Camino.

—No es necesario —dijo—; cuando llegue el momento, lo vas a reconocer.

Lo había logrado.

—Escucha, Petrus, ¿por qué andamos tan rápido y ahora permanecemos tanto tiempo en una ciudad abandonada?

—¿Cuál sería la decisión más equivocada?

Miré las sombras rápidamente. Él tenía razón: estábamos allí por algún motivo.

El sol se escondió detrás de la montaña, pero aún quedaba mucha luz antes de que terminara el día. Pensaba que en ese momento el sol debía estar dando de lleno en la Cruz de Hierro, la cruz que yo quería ver y que estaba a sólo unos cientos de metros de mí. Quería saber el porqué de esa espera. Habíamos caminado muy rápido toda la semana y el único motivo, me parecía, era que necesitábamos llegar allí ese día y a aquella hora.

Intenté propiciar la conversación para que el tiempo pasara más rápido, pero me di cuenta de que Petrus estaba tenso y concentrado. Ya había visto a Petrus de mal humor muchas veces, pero no recordaba haberlo visto tenso. De repente, recordé que ya lo había visto así una vez. Fue durante un desayuno en un pueblecito, del que no recordaba ni el nombre, poco después de encontrarnos...

Miré a un lado: allí estaba el perro. El perro violento que me tiró al suelo una vez, el perro cobarde que salió corriendo la siguiente vez. Petrus había prometido ayudarme en nuestro próximo encuentro y me volví hacia él... pero a mi lado no había nadie más.

Mantuve los ojos fijos en el animal, mientras mi cabeza buscaba rápidamente una manera de enfrentar esa situación. Ninguno de los dos hizo ningún movimiento y me acordé por un segundo de los duelos en las películas del lejano oeste, en pueblos abandonados. Nadie soñaría nunca con presentar un hombre en duelo con un perro, era demasiado inverosímil. Y, sin embargo, allí estaba, viviendo en la realidad lo que en la ficción no sería inverosímil.

Allí estaba Legión, porque eran muchos. Junto a mí había una casa abandonada. Si yo corriera de repente, podía subir al tejado y Legión no me seguiría. Estaba preso dentro del cuerpo y de las posibilidades de un perro.

Pronto hice a un lado la idea, mientras mantenía los ojos fijos en los de él. Muchas veces, durante el Camino, tuve miedo de este momento y ahora había llegado. Antes de encontrar mi espada, debía encontrarme con el Enemigo y vencer o ser derrotado por él. Sólo me restaba enfrentarlo. Si huyera en este momento, caería en una trampa. Podía ser que el perro no volviera más, pero caminaría con miedo hasta Santiago de Compostela. Aun pasado un tiempo, soñaría toda la noche con el perro, pensando que aparecería al minuto siguiente, y viviría atemorizado el resto de mis días.

Mientras reflexionaba sobre esto, el perro se movió en dirección mía. Dejé inmediatamente de pensar y me concentré en la lucha que estaba por iniciar. Petrus huyó y ahora yo estaba solo. Sentí miedo y cuando lo sentí el perro comenzó a caminar lentamente hacia mí, al tiempo que gruñía. El gruñido disimulado era mucho más amenazador que un gran ladrido y mi miedo aumentó. Al ver la flaqueza en mis ojos, el perro se abalanzó sobre mí.

Fue como si una piedra hubiese golpeado mi pecho. Me arrojó al suelo y comenzó a atacarme. Acudió un vago recuerdo de que conocía mi Muerte y de que no iba a ser de esta manera, pero el miedo aumentaba dentro de mí y no logré controlarlo. Comencé a luchar para proteger tan sólo mi rostro y mi garganta. Un fuerte dolor en la pierna me hizo encoger por completo y advertí que mi carne había sido rasgada en algún sitio. Quité mis manos de la cabeza y del cuello y las llevé hacia la herida. El perro aprovechó y se preparó para atacar mi rostro. En ese momento, una de las manos tocó una piedra junto a mí, la cogí y comencé a golpear con toda desesperación al perro.

Se alejó un poco, más sorprendido que herido, y logré levantarme. El perro continuó retrocediendo, pero la piedra sucia de sangre me dio ánimos. Estaba sobrevalorando la fuerza de mi enemigo y eso era una trampa. No podía tener más fuerza que yo. Podía ser más ágil, pero no más fuerte, porque yo era más pesado y más alto que él. El miedo ya no era tan grande, pero yo había perdido el control y, con la piedra en la mano, comencé a gritar. El animal retrocedió un poco más y de repente se detuvo.

Parecía estar leyendo mis pensamientos. En mi desesperación, me estaba sintiendo fuerte y ridículo por estar luchando con un perro.

De pronto me invadió una sensación de poder y un viento caliente empezó a soplar en aquella ciudad desierta. Comencé a sentir un fastidio enorme de continuar aquella lucha —al final de cuentas, bastaba acertar con la piedra en medio de su cabeza y habría vencido—. Quise acabar con esa historia de inmediato, revisar la herida en mi pierna y terminar de una vez con esa absurda experiencia de espadas y extraños caminos de Santiago.

Era una trampa más. El perro saltó de nuevo y me tiró al suelo. Esta vez consiguió esquivar la piedra con habilidad, mordiendo mi mano y haciendo que la soltara. Comencé a darle puñetazos a mano limpia, pero no le causaba ningún daño considerable. Todo lo que conseguí fue evitar que me siguiera mordiendo.

Sus afiladas garras comenzaron a rasgar mi ropa y mis brazos, y vi que era sólo una cuestión de tiempo que me dominase por completo.

De repente escuché una voz en mi interior que me decía que si él me dominaba la lucha acabaría y yo estaría a salvo. Derrotado, pero vivo. Me dolía la pierna y el cuerpo entero estaba ardiendo debido a los arañazos. La voz insistía en que abandonase la lucha y yo la reconocí: era la voz de Astrain, mi Mensajero, hablando conmigo. El perro paró por un momento, como si también oyese la misma voz y una vez más sentí ganas de abandonar todo eso. Astrain me decía que mucha gente en esta vida no encontró su espada, y ¿qué diferencia podría haber? Lo que quería era volver a casa, estar con mi mujer, tener hijos y trabajar en lo que me gusta. Basta de tantos absurdos, de enfrentar perros y subir por cascadas. Era la segunda vez que pensaba esto, pero ahora las ganas eran más fuertes y tuve la certeza de que me rendiría en un segundo.

Un ruido en la calle de la ciudad abandonada llamó la atención del animal. Miré al lado y vi un pastor trayendo a sus ovejas de vuelta al campo. Recordé de repente que ya había visto aquella escena antes, en las ruinas de un viejo castillo. Cuando el perro vio a las ovejas, de un salto se quitó de encima de mí y se preparó para atacarlas. Era mi salvación.

El pastor comenzó a gritar y las ovejas corrieron en todas direcciones. Antes de que el perro se alejara por completo, resolví resistir un segundo más, sólo para dar tiempo a que los animales huyeran y agarré al perro por una pata. Tuve la esperanza absurda de que el pastor tal vez viniera en mi auxilio y por un momento volvió la esperanza de la espada y del Poder de RAM.

El perro intentaba zafarse de mí; yo ya no era su enemigo, sino un inoportuno. Lo que él quería ahora estaba allí, delante de él: las ovejas. Pero continué agarrando la pata del animal, esperando a un pastor que no venía, esperando a las ovejas que no huían.

Este segundo salvó mi alma. Una fuerza inmensa comenzó a surgir dentro de mí y ya no era la ilusión de Poder, que provoca el tedio y las ganas de desistir. Astrain me susurró de nuevo, pero algo diferente. Decía que debía enfrentar siempre al mundo con las mismas armas con que era desafiado y que sólo podía enfrentar a un perro transformándome en perro.

Ésta era la locura de la que me habló Petrus ese día. Y comencé a sentirme un perro. Mostré los dientes y comencé a gruñir bajito, con el odio fluyendo en los ruidos que hacía. Vi de reojo el rostro asustado del pastor y a las ovejas, con tanto miedo de mí como del perro.

Legión se dio cuenta y comenzó a asustarse. Entonces di un salto. Era la primera vez que hacía esto en todo el combate. Ataqué con los dientes y con las uñas, intentando morder al perro en el cuello, exactamente como yo temía que hiciera conmigo. Dentro de mí abrigaba apenas un deseo inmenso de victoria. Nada más tenía importancia. Me arrojé sobre el perro y lo tiré al suelo. Él luchaba por salir debajo del peso de mi cuerpo y sus uñas se clavaban en mi piel, pero yo también mordía y arañaba. Me di cuenta de que si se salía debajo de mí huiría una vez más, y yo quería que esto ya no ocurriese nunca más. Hoy lo vencería, iba a derrotarlo.

El animal comenzó a mirarme con pavor. Ahora yo era un perro y él parecía haberse transformado en hombre. Mi antiguo miedo estaba operando en él y, con tanta fuerza, que consiguió zafarse, pero lo acorralé de nuevo en el fondo de una de las casas abandonadas. Atrás de un pequeño muro de pizarra estaba el precipicio y él ya no tenía escapatoria. Era un hombre que en ese momento vería el rostro de su Muerte.

De repente empecé a darme cuenta de que algo andaba mal. Era demasiado fuerte, mi pensamiento se estaba obnubilando, empecé a ver un rostro de gitano e imágenes difusas en torno a su rostro. Me había transformado en Legión, en eso consistía mi poder. Ellos abandonaron a aquel pobre perro asustado, que en cualquier momento caería al abismo, y ahora estaban en mí. Sentí un terrible deseo de despedazar al animal indefenso. "Tú eres el Príncipe y ellos son Legión", murmuró Astrain; pero yo no quería ser un príncipe, y escuché también, a lo lejos, la voz de mi Maestre diciendo con insistencia que había una espada por conseguir. Necesitaba resistir un minuto más. No debía matar a aquel perro.

Miré de inmediato al pastor. Su mirada confirmó lo que estaba pensando. Ahora él estaba más asustado conmigo que con el perro.

Comencé a sentirme mareado y el paisaje giraba a mi alrededor. No podía desmayarme. Si me desmayara ahora, Legión me habría vencido. Tenía que hallar una solución. Ya no estaba luchando contra un animal, sino contra una fuerza que me había poseído. Sentí que mis piernas flaquearon y me apoyé en una pared, pero cedió por mi peso. Entre piedras y pedazos de madera, caí de boca.

La Tierra. Legión era la tierra, los frutos de la tierra. Los frutos buenos y malos de la tierra, pero la tierra al fin. Ésa era su casa y desde allí gobernaba o era gobernada por el mundo. Ágape explotó dentro de mí y clavé con fuerza mis uñas en la tierra. Di un aullido, semejante al que oí la primera vez que el perro y yo nos encontramos. Sentí que Legión pasaba por mi cuerpo y bajaba a la tierra, porque dentro de mí había Ágape, y Legión no quería ser consumida por el Amor que Devora. Ésa era mi voluntad, la voluntad que me hacía luchar con el resto de mis fuerzas contra el desmayo, la voluntad de Ágape fija en mi alma, resistiendo. Mi cuerpo entero tembló.

Legión bajaba con fuerza hacia la tierra. Comencé a vomitar pero sentía que era Ágape creciendo y saliendo por todos mis poros. Mi cuerpo continuó temblando hasta que, después de mucho tiempo, sentí que Legión había vuelto a su reino.

Lo noté cuando el último vestigio de ella pasó por mis dedos. Me senté en el suelo, herido y lastimado, y vi una escena absurda ante mis ojos: un perro sangrando y moviendo la cola, y un pastor asustado, mirándome.

—Debe haber sido algo que comió —dijo el pastor, que no quería creer todo lo que había visto—. Pero ahora que vomitó se le va a pasar.

Asentí con la cabeza. Me agradeció por haber contenido a "mi" perro y siguió caminando con sus ovejas.

Petrus apareció y no dije nada. Cortó un pedazo de su camisa e hizo un torniquete en mi pierna, que sangraba mucho. Me pidió que moviese todo el cuerpo y dijo que nada serio había pasado, además de la herida en la pierna.

—Estás en condiciones deplorables —dijo sonriendo; su raro buen humor había vuelto—. Así no podremos visitar hoy la Cruz de Hierro. Debe haber turistas por allí y podrían asustarse.

No le presté atención. Me levanté, me sacudí el polvo y vi que podía andar. Petrus sugirió que hiciese un poco de Soplo de RAM y cargó mi mochila. Hice el Soplo de RAM y nuevamente entré en armonía con el mundo. Dentro de media hora estaría llegando a la Cruz de Hierro.

Y algún día Foncebadón renacería de sus ruinas. Legión dejó mucho Poder allí.

El mandar y el servir

Llegué a la Cruz de Hierro sostenido por Petrus, ya que la herida de la pierna no me permitía caminar bien. Cuando se dio cuenta de la magnitud de los daños causados por el perro, decidió que debía permanecer en reposo hasta que me recuperara lo suficiente para continuar con el Extraño Camino de Santiago. Cerca de allí había una aldea que servía de refugio a los peregrinos sorprendidos por la noche antes de cruzar las montañas. Petrus consiguió dos cuartos en la casa de un herrero y nos instalamos.

Mi aposento tenía un pequeño balcón, revolución arquitectónica que desde esa aldea se difundiría por toda la España del siglo VIII, desde el cual podía ver una serie de montes por los que tarde o temprano tendría que pasar antes de llegar a Santiago. Caí en la cama y no desperté sino hasta el día siguiente, con un poco de fiebre, pero sintiéndome bien.

Petrus trajo agua de una fuente que los habitantes de la aldea llamaban "el pozo sin fondo" y lavó mis heridas. Por la tarde apareció con una anciana que vivía por allí. Colocaron varios tipos de hierbas en las heridas y arañazos, y la vieja me obligó a tomar un té amargo.

Recuerdo que todos los días Petrus me obligaba a lamer mis heridas, hasta que cerrasen por completo. Siempre sentía el regusto metálico y dulce de la sangre, que me provocaba náuseas, pero mi guía afirmaba que la saliva era un poderoso desinfectante y me ayudaría a luchar contra una posible infección.

Al segundo día la fiebre volvió. Petrus y la vieja me dieron de nuevo el té, volvieron a untar mis heridas con hierbas, pero la fiebre —a pesar de no ser muy alta— no cedía. Entonces, mi guía se dirigió a una base militar situada en las cercanías, en busca de vendas, ya que en todo el pueblo no había gasas ni esparadrapos con qué cubrir las heridas.

Pocas horas después, Petrus volvió con las vendas. Junto con él vino también un joven médico militar, que a fuerzas quería saber dónde estaba el animal que me mordió.

—Por el tipo de heridas, el animal está rabioso —sentenció con aire grave el médico militar.

—Nada de eso —respondí—. Fue un juego que se pasó de los límites. Conozco al animal desde hace mucho tiempo.

El oficial no se convenció. Quería a fuerzas que se me aplicara la vacuna antirrábica y me vi obligado a dejar que me inyectasen por lo menos una dosis, bajo amenaza de ser transferido a un hospital de la base militar. Después preguntó dónde estaba el animal.

—En Foncebadón —respondí.

—Foncebadón es una ciudad en ruinas. No hay perros allí —respondió con los aires de sabio de quien sorprende a alguien en una mentira.

Comencé a dar algunos falsos gemidos de dolor y el médico fue conducido por Petrus fuera del cuarto, pero dejó todo lo que necesitábamos: vendas limpias, esparadrapo y una pomada cicatrizante.

Petrus y la vieja no utilizaron la pomada. Cubrieron las heridas con gasas sobre las hierbas, lo cual me alegró mucho, pues ya no necesitaba seguir lamiendo los sitios donde el perro había mordido. Durante la noche, ambos se arrodillaban junto a mi cama y, con las manos extendidas sobre mi cuerpo, rezaban en voz alta. Pregunté a Petrus qué era todo eso y se refirió vagamente a los Carismas y al Camino de Roma. Insistí, pero no dijo nada más.

Dos días después estaba completamente recuperado. Fui a la ventana y vi a algunos soldados buscando entre las casas del pueblo y en los cerros de las inmediaciones. Pregunté a uno de ellos de qué se trataba.

—Hay un perro rabioso por aquí —respondió.

Esa misma tarde el herrero, dueño de los cuartos, me pidió que me fuera del pueblo en cuanto pudiera caminar. La historia se había divulgado entre los habitantes de la aldea y temían que me atacara la rabia y pudiera transmitir la enfermedad. Petrus y la vieja discutieron con el herrero, pero él se mostraba inflexible. En algún momento, llegó a afirmar que había visto salir un hilo de espuma por las comisuras de mi boca mientras dormía.

No hubo argumento capaz de convencerlo de que todos, cuando dormimos, podemos experimentar el mismo fenómeno.

Esa noche, la vieja y mi guía permanecieron largo tiempo haciendo oración, con las manos extendidas sobre mi cuerpo, y, al día siguiente, renqueando un poco, ya estaba de nuevo en el Extraño Camino de Santiago.

Pregunté a Petrus si llegó a sentirse preocupado por mi recuperación.

—Hay una regla en el Camino de Santiago de la cual no te hablé antes —respondió—, que es la siguiente: una vez iniciado, la única disculpa para interrumpirlo es por causa de enfermedad. Si no fueras capaz de resistir las heridas y continuaras con fiebre, eso sería un presagio de que nuestro viaje tendría que detenerse allí.

Pero dijo, con cierto orgullo, que sus oraciones habían sido escuchadas y tuve la certeza de que ese valor era tan importante para él como para mí.

Ahora el camino sería siempre de bajada y Petrus me anunció que así continuaría durante más de dos días. Habíamos vuelto a andar a nuestro ritmo habitual, con la siesta cada tarde, a la hora en que el sol era más fuerte. Debido a mis vendajes, él cargaba mi mochila; ya no había tanta prisa: la cita se había cumplido.

Mi estado de ánimo mejoraba a cada momento y estaba bastante orgulloso de mí: había escalado una cascada y derrotado al demonio del Camino. Ahora sólo faltaba la tarea más importante: encontrar mi espada. Se lo comenté a Petrus.

—La victoria fue bonita, pero fallaste en lo más importante —dijo, lanzándome un verdadero balde de agua fría.

—¿En qué?

—En saber el momento exacto del combate. Tuve que caminar más rápido, andar a marcha forzada, y todo lo que se te ocurría pensar era que estábamos buscando tu espada. ¿De qué sirve una espada si el hombre no sabe dónde va a encontrar a su enemigo?

—La espada es mi instrumento de poder —respondí.

—Estás demasiado convencido de tu poder —dijo—. La cascada, las Prácticas de RAM y las conversaciones con tu Mensajero te hicieron olvidar que faltaba un enemigo por vencer y que tenías una cita con él. Antes de que la mano maneje la espada, debe localizar al enemigo y saber cómo enfrentarlo. La espada sólo da el golpe, pero la mano ya es vencedora o perdedora antes de ese golpe.

"Conseguiste vencer a Legión sin tu espada. Hay un secreto en esta búsqueda, un secreto que aún no has descubierto, pero que sin él jamás podrás encontrar lo que buscas.

Me quedé callado. Cada vez que tenía la certeza de estarme acercando a mi objetivo, Petrus insistía en decir que yo era un simple peregrino y que siempre faltaba algo por encontrar o que estaba buscando. La sensación de alegría que estaba sintiendo minutos antes de iniciar aquella conversación desapareció por completo.

Una vez más estaba comenzando el Extraño Camino de Santiago y eso me desmoralizó totalmente. Por esa carretera que mis pies pisaban, millones de personas habían pasado durante doce siglos, yendo y volviendo de Santiago de Compostela. En su caso, llegar adonde querían era sólo una cuestión de tiempo. En mi caso, las trampas de la Tradición siempre estaban colocando un obstáculo más por vencer, una prueba más por cumplir.

Le dije a Petrus que me estaba sintiendo cansado y nos sentamos bajo una sombra que encontramos en la bajada. Había grandes cruces de madera bordeando el camino. Petrus colocó las dos mochilas en el suelo y continuó hablando:

—Un enemigo siempre representa nuestro lado débil, que puede ser el miedo al dolor, también la prematura sensación de victoria o el deseo de abandonar el combate creyendo que no vale la pena.

"Nuestro enemigo entra a la lucha sólo porque sabe que puede tocarnos, exactamente en ese punto donde nuestro orgullo nos hizo creer que éramos invencibles. Durante la lucha estamos siempre buscando proteger nuestro lado vulnerable, mientras el Enemigo golpea el lado desprotegido —ése en el que más confiamos—, y terminamos derrotados porque sucede lo que nunca debió suceder: dejar que el enemigo escoja la manera de luchar.

Todo lo que Petrus estaba diciendo había pasado en mi combate con el perro. Al mismo tiempo, rechazaba la idea de tener enemigos y verme obligado a combatir contra ellos. Cuando Petrus se refería al Buen Combate siempre creí que estaba hablando de la lucha por la vida.

—Tienes razón, pero el Buen Combate no es sólo eso. Guerrear no es un pecado —dijo después de expresarle mis dudas—. Guerrear es un acto de amor. El enemigo nos hace crecer y nos perfecciona, como el perro hizo contigo.

—Sin embargo, parece que nunca estás satisfecho. Siempre falta algo. Ahora me hablas del secreto de mi espada...

Petrus dijo que esto era algo que debía saber antes de iniciar la caminata y continuó hablando del Enemigo.

—El enemigo es una parte de Ágape y está allí para poner a prueba nuestra mano, nuestra voluntad, el manejo de la espada. Fue colocado en nuestras vidas —y nosotros en la de él— con un propósito. Este propósito tiene que ser satisfecho, por eso huir de la lucha es lo peor que nos puede suceder. Es peor que perder la lucha, porque de la derrota siempre podemos aprender algo, pero con la huida, lo único que logramos es declarar victorioso a nuestro enemigo.

Dije que me sorprendía oír a Petrus, quien parecía tener un lazo tan fuerte con Jesús, hablando de violencia en aquella forma.

—Piensa en la necesidad que Jesús tenía de Judas —dijo—. Tenía que escoger un enemigo o su lucha en la tierra no podría ser glorificada.

Las cruces de madera en el camino mostraban cómo se había construido aquella gloria: con sangre, traición y abandono. Me levanté y dije que estaba listo para reiniciar la caminata.

Mientras caminaba, pregunté cuál era el punto más fuerte en que un hombre podía apoyarse para vencer al enemigo en una lucha.

—Su presente. El hombre se apoya mejor en lo que está haciendo ahora, porque ahí está Ágape, las ganas de vencer con entusiasmo.

"Y quiero dejar otra cosa bien clara: el enemigo rara vez representa el mal. El mal está siempre presente porque una espada sin uso termina oxidándose en la vaina.

Me acordé de cierta vez, mientras construíamos una casa de veraneo, mi mujer había decidido, de un momento a otro, cambiar la disposición de uno de los dos cuartos. Me correspondió la desagradable tarea de comunicar este cambio al albañil. Lo llamé, era un hombre mayor de casi sesenta años, y le dije lo que quería. Echó un vistazo, pensó y me propuso una solución mucho mejor, usando la pared que había comenzado a levantar en ese momento. A mi mujer le encantó la idea.

Tal vez era esto lo que Petrus estaba intentando decir, con palabras tan complicadas, respecto de utilizar la fuerza de lo que estamos haciendo en el momento para vencer al enemigo.

Le conté la historia del albañil.

—La vida enseña siempre más que el Extraño Camino de Santiago —respondió—, pero no tenemos mucha fe en las enseñanzas de la vida.

Las cruces continuaban apareciendo a lo largo de toda la Ruta Jacobea. Debían de ser obra de un peregrino poseedor de una fuerza sobrehumana para levantar esa madera sólida y pesada. Había cruces cada treinta metros y se extendían hasta donde la vista me alcanzaba. Pregunté a Petrus qué significaban.

—Un viejo y descontinuado instrumento de tortura —dijo.

—Pero, ¿qué están haciendo aquí?

—Debió haber sido una promesa. ¿Cómo puedo saberlo?

Nos detuvimos frente a una de ellas, que había sido derribada.

—Tal vez la madera esté podrida —dijo.

—Está hecha de la misma madera que las otras y ninguna se pudrió.

—Entonces quizá no fue clavada en el suelo con firmeza.

Petrus se detuvo y miró en derredor. Dejó la mochila en el suelo y se sentó. Habíamos descansado hacía apenas unos minutos y no entendí su gesto. Instintivamente miré en derredor buscando al perro.

—Venciste al perro —dijo como si adivinara mis pensamientos—. No te asustes con el fantasma de los muertos.

—Entonces, ¿por qué nos detuvimos?

Petrus hizo una seña para que me callara y se quedó en silencio durante algunos minutos. De nuevo sentí el antiguo miedo al perro y preferí quedarme de pie, esperando que él se decidiera a hablar.

—¿Qué oyes? —preguntó después de un rato.

—Nada. El silencio.

—¡Ojalá fuésemos tan iluminados al punto de escuchar el silencio! Pero aún somos hombres y no sabemos ni siquiera escuchar nuestro propio susurro. Nunca me preguntaste cómo presentí la llegada de Legión y ahora te lo voy a decir: por el sentido del oído. El ruido comenzó muchos días antes, cuando estábamos aún en Astorga. A partir de allí comencé a andar más rápido, pues todo parecía indicar que nuestros caminos se cruzarían en Foncebadón. Tú oíste el mismo ruido que yo y no lo escuchaste.

"Todo está escrito en los ruidos. El pasado, el presente y el futuro de la humanidad. Un hombre que no sabe oír, no puede escuchar los consejos que la vida nos da a cada instante. Sólo quien escucha el ruido del presente puede tomar la decisión correcta.

171

Petrus pidió que me sentara y olvidara al perro. Después dijo que iba a enseñarme una de las Prácticas más fáciles y más importantes del Camino de Santiago.

Y me explicó *El Ejercicio de la Audición*.

—Hazlo ahora mismo —dijo.

Comencé a realizar el ejercicio. Escuché el viento, alguna voz femenina muy a lo lejos y en un determinado momento percibí que estaban quebrando una rama. No era realmente un ejercicio difícil, y su sencillez me dejó fascinado. Pegué la oreja al suelo y empecé a escuchar el ruido sordo de la tierra. Al poco rato comencé a distinguir por separado cada sonido: el sonido de las hojas quietas, el sonido de la voz a la distancia, el ruido del batir de las alas de un pájaro. Un animal gruñó, pero no pude identificar qué tipo de bicho era. Los quince minutos de ejercicio se fueron volando.

—Con el tiempo, verás que este ejercicio te ayudará a tomar la decisión correcta —dijo Petrus, sin preguntar qué había escuchado—. Ágape habla mediante el Globo Azul, pero también a través de la vista, del tacto, del perfume, del corazón y los oídos. En una semana, máximo, comenzarás a escuchar voces. Primero serán voces tímidas, pero al poco tiempo empezarán a decirte cosas importantes. Sólo ten cuidado con tu Mensajero, que va a intentar confundirte, pero como conoces su voz, ya no será una amenaza.

Petrus preguntó si escuché el llamado alegre de un enemigo, la invitación de una mujer o el secreto de mi espada.

—Sólo escuché una voz femenina a lo lejos —dije—, pero era una campesina llamando al hijo.

—Entonces mira esa cruz que tienes enfrente y colócala de pie con tu pensamiento.

Pregunté cuál era el ejercicio.

—Tener fe en nuestro pensamiento —respondió.

Me senté en el suelo en posición de yoga. Sabía que después de todo lo que había conseguido, con el perro, en la cascada, también lograría esto. Miré fijamente la cruz. Me imaginé saliendo del cuerpo, agarrando sus brazos y levantándola con mi cuerpo astral. En el camino de la Tradición ya había hecho algu-

172

El Ejercicio de la Audición

Relájese. Cierre los ojos.

Trate, durante algunos minutos, de concentrarse en todos los sonidos que lo rodean, como si fuese una orquesta tocando sus instrumentos.

Al poco rato, comience a distinguir cada sonido por separado. Concéntrese en cada uno, como si fuese un instrumento tocando. Intente borrar los otros sonidos de su mente.

Con la realización diaria de este ejercicio, comenzará a oír voces. Primero, creerá que son fruto de su imaginación; luego descubrirá que son voces de personas de tiempos pasados, presentes y futuros, participando de la Memoria del Tiempo.

Este ejercicio sólo debe realizarse si ya conoce la voz de su Mensajero.

Duración mínima: diez minutos.

nos pequeños "milagros" como éstos. Podía quebrar vasos, estatuas de porcelana y mover cosas sobre la mesa. Era un truco de magia fácil que, a pesar de no significar que poseía poder, ayudaba mucho a convencer a los "impíos". Nunca antes lo había intentado con un objeto del tamaño y el peso de aquella cruz, pero si Petrus lo había mandado, podría lograrlo.

Durante media hora lo intenté de todas las maneras. Utilicé viaje astral y sugestión. Recordé el dominio de la fuerza de gravedad que tenía el Maestre y procuré repetir las palabras que siempre decía en esas ocasiones. No sucedió nada. Estaba completamente concentrado y la cruz no se movía. Invoqué a Astrain, que apareció entre las columnas de fuego, pero cuando le hablé de la cruz dijo que detestaba ese objeto.

Petrus terminó sacudiéndome y sacándome del trance.

—Vamos, esto se está volviendo un fastidio —dijo—. Si no puedes con el pensamiento, coloca esa cruz en pie, con las manos.

—¿Con las manos?

—¡Obedece!

Me asusté: de repente estaba frente a mí un hombre áspero, muy diferente del que había cuidado mis heridas y no sabía ni qué decir, ni qué hacer.

—¡Obedece! —repitió—. ¡Es una orden!

Tenía los brazos y manos vendados por la pelea con el perro. A pesar del ejercicio de oír, mis oídos rehusaban creer lo que estaba escuchando. Sin decir nada, le mostré los vendajes, pero continuó mirándome fríamente, inexpresivo. Esperaba que lo obedeciera. El guía y amigo que me había acompañado durante todo este tiempo, que me había enseñado las Prácticas de RAM y me había contado las bellas historias del Camino de Santiago, parecía ya no estar más allí. En su lugar había sólo un hombre que me miraba como un esclavo y me pedía algo estúpido.

—¿Qué estás esperando? —dijo una vez más.

Recordé la cascada; recordé que ese día dudé de Petrus y que había sido generoso conmigo. Había demostrado su amor e impedido que desistiera de la espada. No lograba entender por qué alguien tan generoso estaba siendo tan rudo ahora y representaba todo lo que la raza humana estaba tratando de eliminar: la opresión del hombre por su semejante.

—Petrus, yo…

—Obedece o el Camino de Santiago se acaba en este instante.

El miedo regresó. En ese momento estaba sintiendo más miedo de él que de la cascada; más miedo de él que del perro que por tanto tiempo me asustó. Desesperadamente, pedí que la naturaleza me diera alguna señal, que yo pudiese ver u oír algo que justificara aquella orden carente de sentido. Todo continuó en silencio a mi alrededor. Obedecía a Petrus o me olvidaba de mi espada. Una vez más levanté los brazos vendados, pero él se sentó en el suelo a esperar que cumpliese su orden.

Entonces decidí obedecer.

Caminé hasta la cruz e intenté empujarla con el pie, para calcular su peso. Apenas se movió. Aunque tuviera las manos libres, sería inmensamente difícil para mí levantarla e imaginé que con las manos vendadas esa tarea sería casi imposible. Pero obedecería. Moriría allí mismo si esto fuera necesario; sudaría sangre como Jesús sudó cuando tuvo que cargar aquel mismo peso; pero él vería mi dignidad y tal vez esto tocara su corazón y me libraría de aquella prueba.

La cruz se había quebrado desde la base, pero aún estaba sujeta a ella por algunas fibras de madera. No había navaja con que cortar esas fibras. Dominando el dolor, me abracé a ella e intenté arrancarla de la base quebrada, sin usar las manos. Las heridas de los brazos entraron en contacto con la madera y grité de dolor. Miré a Petrus y continuaba impasible. Resolví no gritar más: los gritos, a partir de ese instante, morirían dentro de mi corazón.

Me di cuenta de que mi problema inmediato ya no era mover esa cruz, sino liberarla de su base, y después cavar un hoyo en el suelo y empujarla dentro del mismo. Escogí una piedra afilada y, dominando el dolor, comencé a golpear y a raspar las fibras de madera.

El dolor aumentaba a cada instante y las fibras iban cediendo poco a poco. Tenía que acabar con eso pronto, antes de que las heridas se volvieran a abrir y aquello se volviera insoportable. Decidí hacer el trabajo un poco más despacio, de manera que llegara al final antes de ser vencido por el dolor. Me quité la camiseta, la enrollé en mi mano y recomencé el trabajo más protegido. La idea fue buena: se rompió la primera fibra, luego, la segunda. La piedra perdió su filo y busqué otra. Cada vez que paraba de trabajar, tenía la impresión de que no podría empezar de nuevo. Junté varias piedras afiladas y fui utilizando una tras otra para que el calor de la mano trabajando disminuyese el efecto del dolor.

Ya se habían roto casi todas las fibras y, sin embargo, la fibra principal aún resistía. El dolor en la mano fue aumentando; abandoné mi plan inicial y comencé a trabajar frenéticamente. Ahora sabía que llegaría a un punto en que el dolor sería insoportable. Este punto estaba cerca y era sólo cuestión de tiempo, un tiempo que necesitaba vencer.

Fui aserrando, golpeando, sintiendo que entre la piel y el vendaje algo pastoso comenzaba a dificultar mis movimientos. Debía ser sangre, pensé, pero evité seguir pensando. Apreté los dientes y de repente la fibra central pareció ceder. Estaba tan nervioso que me levanté de inmediato y le di un puntapié, con todas mis fuerzas, a ese tronco que me estaba causando tanto sufrimiento.

Con un ruido, la cruz cayó de lado, libre de su base.

Mi alegría duró apenas unos pocos segundos. La mano comenzó a punzar violentamente, cuando apenas empezaba la tarea. Miré a Petrus y se había dormido. Pasé algún tiempo imaginando cómo podría engañarlo; pensé en poner en pie la cruz sin que lo notara.

Pero eso era exactamente lo que Petrus quería: que yo pusiera en pie la cruz y no había ninguna forma de engañarlo, porque la tarea sólo dependía de mí.

Miré al suelo, la tierra amarilla y seca. Nuevamente las piedras serían mi única salida. Ya no podía trabajar con la mano derecha, porque estaba demasiado adolorida y tenía aquello pastoso dentro que me causaba una inmensa aflicción. Quité lentamente la camisa que envolvía los vendajes: el rojo de la sangre había manchado la gasa, después de estar casi cicatrizada la herida. Petrus era inhumano.

Busqué otro tipo de piedra, más pesada y resistente. Tras enrollar la camisa en la mano izquierda, comencé a golpear el suelo y a cavar frente a mí, al pie de la cruz. El progreso alcanzado en un principio cedió luego ante un suelo duro y reseco. Pese a que continuaba cavando, el agujero parecía tener siempre la misma profundidad. Decidí no hacer muy ancho el hoyo para que la cruz pudiese encajar sin quedar suelta en la base, lo que aumentaba mi dificultad para sacar la tierra del fondo.

La mano derecha había dejado de dolerme, pero la sangre coagulada me provocaba náuseas y preocupación. Como no tenía práctica trabajando con la mano izquierda, a cada rato la piedra se me escapaba de los dedos.

Cavé durante un tiempo interminable. Cada vez que la piedra golpeaba el suelo y mi mano entraba en el agujero a sacar la tierra, pensaba en Petrus. Miraba su sueño tranquilo y lo odiaba desde el fondo de mi corazón. Ni el ruido ni el odio parecían perturbarlo. "Petrus debe tener sus motivos", pensaba, pero no podía entender aquella servidumbre ni la manera como había sido humillado. Entonces el suelo se transformaba en su rostro, golpeaba con la piedra y la rabia me ayudaba a cavar más hondo. Ahora era apenas una cuestión de tiempo: tarde o temprano terminaría por lograrlo.

Cuando acabé de pensar esto, la piedra se topó con algo sólido y se me zafó una vez más. Era exactamente lo que me temía; después de tanto tiempo de trabajo había encontrado otra piedra, demasiado grande para que pudiese proseguir.

Me levanté, enjugué el sudor del rostro y comencé a pensar. No tenía fuerzas suficientes para transportar la cruz a otro lugar. No podía comenzar todo de nuevo porque la mano izquierda —ahora que me había detenido— comenzaba a dar señales de insensibilidad. Aquello era peor que el dolor y me dejó preocupado. Miré los dedos y vi que continuaban teniendo movimiento, obedecían mis órdenes, pero el instinto me decía que no debía sacrificar más aquella mano.

Miré el agujero: no era lo suficientemente hondo para sostener la cruz con todo su peso.

"La solución equivocada te indicará la correcta." Me acordé del ejercicio de las sombras y de la frase de Petrus. Al mismo tiempo, él decía insistentemente que las Prácticas de RAM sólo tenían sentido si las pudiese aplicar a los desafíos cotidianos. Incluso ante una situación absurda como ésa, las Prácticas de RAM debían servir para algo.

"La solución equivocada te indicará la correcta." El camino imposible era arrastrar la cruz a otro lugar porque no tenía fuerzas para esto. El camino imposible era continuar cavando, llegar más hondo en ese suelo.

Entonces si el camino equivocado era llegar más hondo, el camino posible era levantar el suelo, pero ¿cómo?

Y de repente todo mi amor por Petrus volvió: estaba en lo correcto; yo podía elevar el suelo.

Comencé a juntar todas las piedras que había por allí y a colocarlas en torno al agujero, mezclándolas con la tierra sacada. Con gran esfuerzo, levanté un poco el pie de la cruz y lo calcé con piedras de manera que quedara más alto. En media hora el suelo estaba más alto y el hoyo era suficientemente profundo.

Ahora sólo restaba colocar la cruz dentro del agujero. Era el último esfuerzo y tenía que lograrlo. Una de las manos había perdido la sensibilidad y la otra estaba adolorida. Mis brazos estaban vendados, pero tenía la espalda sana, sólo con algunos arañazos. Si me acostara bajo la cruz y fuera levantándome poco a poco podría hacer que se deslizara dentro del hoyo.

Me acosté en el suelo, sintiendo el polvo en la boca y en los ojos. La mano insensible hizo un último esfuerzo, levantó la cruz un poco y me coloqué debajo de ella. Con todo cuidado me acomodé para que el tronco quedara en mi columna. Sentía su peso; era grande, más no imposible. Recordé el ejercicio de la semilla y, con toda lentitud, me fui acomodando en posición fetal bajo la cruz, equilibrándola en mi espalda. Algunas veces creí que se resbalaría, pero estaba yendo muy despacio, de manera que conseguía prever la pérdida de equilibrio y corregirla con la postura del cuerpo. Finalmente, logré ponerme en posición fetal, colocando las rodillas al frente y manteniéndolas equilibradas en mi espalda. Por un momento el pie de la cruz vaciló en el montículo de piedras, pero no se salió del lugar.

"Menos mal que no tengo que salvar el universo", pensé, oprimido por el peso de aquella cruz y de todo lo que representaba, y un profundo sentimiento de religiosidad se apoderó de mí. Recordé que alguien ya la había llevado en la espalda y que sus manos heridas no podían escapar —como las mías— del dolor y de la madera. Era un sentimiento de religiosidad cargado de dolor, que alejé inmediatamente de la cabeza, porque la cruz en mi espalda comenzaba a vacilar de nuevo.

Entonces, al levantarme despacio, comencé a renacer. No podía mirar atrás y el ruido era la única forma de orientarme, y poco antes había aprendido a escuchar el mundo, como si Petrus pudiese adivinar que necesitaría de este tipo de conocimiento ahora. Sentía el peso y las piedras acomodándose, pero la cruz subía lentamente, para redimirme con aquella prueba y volver a ser el extraño marco de una parte del Camino de Santiago.

Sólo faltaba el esfuerzo final. Cuando estuviese sentado en mis talones, la cruz debía deslizarme de mi espalda hasta el fondo del agujero. Una o dos piedras se rodaron del lugar, pero ahora la cruz estaba ayudándome, pues no se desvió de la dirección del lugar donde había elevado el suelo. Finalmente, un tirón en mi espalda indicó que la base había quedado libre. Era el momento final, semejante al de la cascada, cuando tuve que atravesar la corriente de agua. El momento más difícil, porque uno tiene miedo de perder y quiere desistir antes de que esto suceda. Una vez más sentí el absurdo de mi tarea, al colocar una cruz en pie cuando todo lo que yo quería era encontrar mi espada y derrumbar todas las cruces para que pudiese renacer en el mundo el Cristo Redentor. Nada de eso importaba. De un golpe rápido, impulsé la espalda, la cruz se deslizó y en ese momento entendí una vez más que era el destino el que estaba guiando la obra que yo había hecho.

Me quedé aguardando el choque de la cruz al caer hacia el otro lado y arrojar en todas direcciones las piedras que había juntado. Pensé enseguida que el impulso pudo no haber sido suficiente y que caería de vuelta sobre mí. Pero todo lo que oí fue un ruido sordo, de algo golpeando contra el fondo de la tierra.

Volteé despacio: la cruz estaba en pie, aún balanceándose debido al impulso. Algunas piedras rodaban del montículo, pero no se caería. Rápidamente volví a colocar las piedras en el lugar y me abracé a la cruz para que dejara de balancearse. En ese momento la sentí viva, cálida, seguro de que había sido como una amiga durante toda mi tarea. Fui soltándome despacio, ajustando las piedras con los pies.

Me quedé admirando mi trabajo durante algún tiempo, hasta que las heridas comenzaron a doler. Petrus aún dormía; me acerqué a él y lo golpeé suavemente con el pie.

Despertó con brusquedad y miró la cruz.

—Muy bien —fue todo lo que dijo—. En Ponferrada te cambias el vendaje.

180

La tradición

—Preferiría haber levantado un árbol. Aquella cruz en la espalda me dio la impresión de que el objetivo de la búsqueda de la sabiduría es ser sacrificado por los hombres.

Miré en derredor y mis propias palabras sonaron carentes de sentido. El episodio de la cruz era algo distante, como si hubiera sucedido hacía ya mucho tiempo y no el día anterior. No combinaba de ninguna forma con la tina de mármol negro, el agua tibia de la tina de hidromasaje y la copa de cristal con un excelente vino de La Rioja que bebía lentamente. Petrus estaba fuera de mi campo de visión, en el cuarto del lujoso hotel donde nos habíamos hospedado.

—¿Por qué la cruz? —insistí.

—Fue muy difícil convencer a la gente de la recepción de que no eras un mendigo —gritó él desde el cuarto.

Había cambiado de tema y sabía, por experiencia propia, que no servía de nada insistir. Me levanté, me puse el pantalón y una camisa limpia; volví a colocarme el vendaje en las heridas. Había retirado los esparadrapos con sumo cuidado, esperando encontrar llagas, pero apenas se había roto la costra, dejando salir un poco de sangre. Una nueva cicatriz se había formado ya y me sentía recuperado y con ánimos.

Cenamos en el propio restaurante del hotel. Petrus pidió la especialidad de la casa, una paella valenciana, que comimos en silencio, acompañados tan sólo del sabroso vino de La Rioja. Cuando terminamos, me invitó a dar un paseo.

Salimos del hotel y fuimos hacia la estación ferroviaria. Había vuelto a su mutismo habitual y continuó callado durante la caminata. Llegamos a un estacionamiento de vagones de tren, sucio y oloroso a aceite, y se sentó al borde de una gigantesca locomotora.

—Vamos a detenernos aquí —dijo.

No quería ensuciar mi pantalón con el aceite derramado y decidí quedarme de pie. Pregunté si no era mejor caminar hasta la plaza principal de Ponferrada.

—El Camino de Santiago está por acabar —dijo mi guía— y como nuestra realidad está mucho más cerca de estos vagones de tren olorosos a aceite, que de los bucólicos parajes que conocimos en nuestra jornada, es mejor que nuestra conversación de hoy sea aquí.

Petrus me pidió que me quitara la camisa y los tenis. Después aflojó los vendajes del brazo, los dejó más sueltos, pero mantuvo igual los de las manos.

—No te aflijas —dijo—. No necesitarás las manos ahora, al menos para agarrar algo.

Estaba más serio de lo habitual y su tono de voz me dejó preocupado. Algo importante estaba por ocurrir.

Petrus volvió a sentarse en la orilla de la locomotora y se quedó mirándome largo rato. Luego dijo:

—No voy a decirte nada sobre el episodio de ayer. Descubrirás por ti mismo su significado y esto sólo sucederá si decides algún día recorrer el Camino de Roma, que es el de los carismas y los milagros. Sólo quiero decirte una cosa: los hombres que se creen sabios son indecisos a la hora de mandar y son rebeldes a la hora de servir. Les parece vergonzoso dar órdenes y una deshonra recibirlas. Jamás te comportes así.

"En el cuarto dijiste que el camino de la sabiduría llevaba al sacrificio. Esto es un error. Tu aprendizaje no terminó ayer: falta descubrir tu espada y el secreto que contiene. Las Prácticas de RAM llevan al hombre a librar el Buen Combate y a tener mayores oportunidades de victoria en la vida. La experiencia que tuviste antes fue apenas una prueba del Camino —una preparación para el Camino de Roma, si quisieras— y me entristece que hayas pensado así.

Había realmente un tono de tristeza en su voz. Noté que durante todo el tiempo que estuvimos juntos, yo había puesto en duda casi todo lo que me enseñaba. Yo no era un Castaneda humilde y poderoso ante las enseñanzas de Don Juan, sino un hombre soberbio y rebelde frente a toda la sencillez de las Prácticas de RAM. Quise decirle esto, pero sabía que ahora era muy tarde.

—Cierra los ojos —dijo—. Haz el Soplo de RAM y procura armonizar con este hierro, estas máquinas y este olor a aceite. Éste es nuestro mundo. Sólo deberás abrir los ojos cuando yo haya acabado mi parte y te haya enseñado un ejercicio.

Me concentré en el Soplo, cerré los ojos y mi cuerpo comenzó a relajarse. Se oía el ruido de la ciudad, algunos perros ladrando a lo lejos y un murmullo de voces discutiendo, no muy lejos del sitio donde estábamos. De repente comencé a oír la voz de Petrus cantando una melodía italiana que había sido un gran éxito en mi adolescencia, en la voz de Pepino Di Capri. No entendía la letra, pero la canción me trajo grandes recuerdos, y me ayudó a entrar en un estado de mayor tranquilidad.

—Hace mucho tiempo atrás —comenzó luego de dejar de cantar—, cuando preparaba un proyecto para entregar en la Prefectura de Milán, recibí un recado de mi Maestre. Alguien había seguido hasta el final el camino de la Tradición y no había recibido su espada. Yo debía guiarlo por el Camino de Santiago.

"El hecho no fue una sorpresa para mí: yo ya estaba esperando una llamada de éstas en cualquier momento, porque aún no había cumplido mi tarea: guiar a un peregrino por la Vía Láctea, de la misma manera en que yo fui guiado un día, pero esto me dejó nervioso, porque era la primera y única vez que debía hacer esto y no sabía cómo desempeñaría mi misión.

Las palabras de Petrus fueron una gran sorpresa para mí. Creí que ya había hecho aquello decenas de veces.

—Viniste y te conduje —continuó—. Confieso que al principio me muy difícil, porque estabas mucho más interesado en el lado intelectual de las enseñanzas que en el verdadero sentido del Camino, que es el camino de las personas comunes. Después del encuentro con Alfonso, comencé a tener una relación mucho más fuerte e intensa contigo, y a creer que te haría aprender el secreto de tu espada. Pero esto no sucedió y ahora tendrás que aprenderlo por ti mismo, en el poco tiempo que te resta para ello.

La conversación estaba poniéndome nervioso e hizo que me desconcentrara en el Soplo de RAM. Petrus debe haberlo notado, pues volvió a cantar la vieja canción y no paró hasta que estuve de nuevo relajado.

—Si descubres el secreto y encuentras tu espada, descubrirás también la faz de RAM y serás dueño del Poder, pero esto no es todo: para alcanzar la sabiduría total, aún tendrás que recorrer los otros tres caminos, inclusive el camino secreto, que no te será revelado ni siquiera por quien pasó por él. Te estoy diciendo esto porque sólo vamos a encontrarnos una vez más.

Mi corazón dio un vuelco dentro del pecho e involuntariamente abrí los ojos: Petrus estaba brillando con aquel tipo de luz que sólo había visto en el Maestre.

—¡Cierra los ojos! —y obedecí de inmediato, pero sentía el corazón oprimido y ya no podía concentrarme. Mi guía volvió a cantar la melodía italiana y hasta después de un buen rato me relajé un poco.

—Mañana recibirás un mensaje que te dirá dónde estoy. Será un ritual de iniciación colectivo, un ritual en honor de la Tradición, de los hombres y mujeres que durante todos estos siglos han ayudado a mantener encendida la llama de la sabiduría, del Buen Combate y de Ágape. No podrás hablar conmigo.

"El lugar donde vamos a encontrarnos es sagrado, bañado por la sangre de los caballeros que siguieron el camino de la Tradición y que, ni aun con las espadas afiladas, fueron capaces de derrotar las tinieblas; pero su sacrificio no fue en vano, y la prueba de ello es que, siglos después, personas que siguen caminos diferentes estarán allí para ofrendar su tributo. Esto es importante y no debes olvidarlo jamás: aun cuando te conviertas en Maestre, piensa que tu camino es apenas uno de los muchos que llevan a Dios. Jesús dijo cierta vez: 'La casa de mi Padre tiene muchas moradas' y sabía perfectamente de lo que estaba hablando.

Petrus repitió que a partir de pasado mañana no volvería a verlo.

—Un día, en el futuro, recibirás un comunicado de mi parte, pidiendo que conduzcas a alguien por el Camino de Santiago, del mismo modo que yo te conduje. Entonces podrás vivir el gran secreto de esta jornada y que te voy a revelar ahora, pero sólo con palabras. Es un secreto que es necesario vivirse para entenderlo.

Hubo un prolongado silencio. Llegué a pensar que había cambiado de idea o que había salido del estacionamiento del tren. Sentí un enorme deseo de abrir los ojos para ver qué estaba pasando y me esforcé en concentrarme en el Soplo de RAM.

—El secreto es el siguiente —dijo la voz de Petrus después de un largo rato—: sólo puedes aprender al enseñar. Hicimos juntos el Extraño Camino de Santiago, pero mientras aprendías las Prácticas yo comenzaba a conocer el significado de dichas Prácticas. Al enseñarte aprendí de verdad. Al asumir el papel de guía, logré encontrar mi propio camino.

"Si consigues encontrar tu espada, tendrás que enseñarle el camino a alguien, y sólo cuando eso ocurra, cuando aceptes el papel de Maestre, encontrarás todas las respuestas dentro de tu corazón. Todos nosotros ya conocemos todo antes de que alguien siquiera nos haya hablado al respecto. La vida enseña a cada momento y el único secreto es aceptar que, sólo con nuestra vida cotidiana, podemos ser tan sabios como Salomón y tan poderosos como Alejandro Magno, pero sólo nos enteramos de ello cuando nos vemos forzados a enseñar a alguien y a participar en aventuras tan extravagantes como ésta.

Estaba viviendo una de las despedidas más inesperadas de mi vida. Alguien con quien había establecido un vínculo tan intenso, que esperaba que me condujera hasta mi objetivo, me dejaba allí, en medio del camino, en una estación de tren olorosa a aceite y con los ojos cerrados.

—No me gusta decir adiós —continuó Petrus—. Soy italiano y por tanto emocional. Porque así lo manda la Ley, deberás descubrir tu espada solo, ésta es la única manera de que creas en tu propio poder. Todo lo que podía transmitirte, ya te lo transmití, sólo falta el Ejercicio de la Danza, que voy a enseñarte en este momento y que deberás realizar mañana, en la celebración ritual.

Se quedó en silencio algún tiempo y entonces dijo:

—Aquel que se glorifica, que se glorifique en el Señor. Puedes abrir los ojos.

Petrus estaba sentado, con toda naturalidad, sobre un enganche de la locomotora. No tuve ganas de decir nada, porque soy brasileño y, por tanto, también emocional. La lámpara de mercurio que nos iluminaba comenzó a parpadear y un tren silbó a lo lejos, anunciando su próxima llegada.

Entonces Petrus me enseñó *El Ejercicio de la Danza*.

—Algo más —dijo mirando al fondo de mis ojos—. Cuando acabé mi peregrinación, pinté un bello e inmenso cuadro donde revelaba todo lo sucedido conmigo por aquí. Éste es el camino de las personas comunes y tú puedes hacer lo mismo, si quisieras. Si no sabes pintar, escribe algo o crea un ballet. Así, independientemente de donde estén, las personas podrán recorrer la Ruta Jacobea, la Vía Láctea y el Extraño Camino de Santiago.

El tren que había silbado comenzó a entrar en la estación. Petrus hizo un ademán y desapareció entre los vagones del estacionamiento, y me quedé allí, en medio de aquel ruido de frenos sobre el acero, intentando descifrar la misteriosa Vía Láctea sobre mi cabeza, con sus estrellas que me condujeron hasta aquí y que conducían, con su silencio, la soledad y el destino de todos los hombres.

Al día siguiente había un breve recado en el casillero de mi cuarto: 7:00 PM Castillo de los Templarios.

Pasé el resto de la tarde caminando de un lado a otro. Crucé más de tres veces la pequeña ciudad de Ponferrada, mientras

El Ejercicio de la Danza

Relájese y cierre los ojos.

Imagine las primeras melodías que escuchó en su vida. Comience a cantarlas mentalmente. Poco a poco deje que determinada parte de su cuerpo —pies, vientre, manos, cabeza, etc.—, pero sólo una parte, comience a bailar la melodía que esté cantando.

Cinco minutos después, deje de cantar en su mente y escuche los ruidos que lo rodean. Componga con ellos una melodía y baile ahora con todo el cuerpo. Evite pensar cualquier cosa, pero procure recordar las imágenes que aparecerán espontáneamente.

La danza es una de las más perfectas formas de comunicación con la Inteligencia Infinita.

Duración: quince minutos.

miraba a lo lejos, en una elevación, el castillo donde debería estar al atardecer. Los templarios siempre excitaron mucho mi imaginación y el castillo de Ponferrada no era la única marca de la Orden del Temple en la Ruta Jacobea.

Creada por la determinación de nueve caballeros que decidieron no retornar de las Cruzadas, en poco tiempo habían extendido su poder por toda Europa y provocado una verdadera revolución en las costumbres al comienzo de este milenio. Mientras la mayor parte de la nobleza de la época sólo se preocupaba por enriquecerse a costa del trabajo servil en el sistema feudal, los Caballeros del Temple dedicaron sus vidas, sus fortunas y sus espadas a una sola causa: proteger a los peregrinos camino de Jerusalén, en lo cual encontraron un modelo de vida espiritual que los ayudase en la búsqueda de la sabiduría.

En 1118, cuando Hugues de Payns y ocho caballeros más se reunieron en el patio de un viejo castillo abandonado, hicieron un juramento de amor por la humanidad.

Dos siglos después, ya existían más de cinco mil comendadorías esparcidas por todo el mundo conocido conciliando dos actividades que hasta entonces parecían incompatibles: la vida militar y la vida religiosa. Las donaciones de sus miembros y de millares de peregrinos agradecidos hizo que la Orden del Temple acumulara en poco tiempo una riqueza incalculable, que más de una vez sirvió para rescatar cristianos importantes secuestrados por musulmanes.

La honestidad de los Caballeros era tan grande que reyes y nobles confiaban sus valores a los Templarios y viajaban sólo con un documento para probar la existencia de los bienes. Este documento podía ser cambiado en cualquier otro castillo de la Orden del Temple por una suma equivalente, y esto dio origen a las letras de cambio que hoy conocemos.

La devoción espiritual, a su vez, hizo que los Caballeros Templarios comprendieran la gran verdad que Petrus recordara la noche anterior: que la Casa del Padre tiene muchas moradas. Entonces, procuraron dejar de lado los combates por la fe y reunir a las principales religiones monoteístas de la época: cristiana, judaica e islámica. Sus capillas pasaron a tener la cúpula redonda del templo judaico de Salomón, las paredes octagonales de las mezquitas árabes y las naves típicas de las iglesias cristianas.

Sin embargo, como todo lo que llega un poco antes de su tiempo, los Templarios comenzaron a ser mirados con desconfianza.

El gran poder económico pasó a ser codiciado por los reyes, y la apertura religiosa se tornó una amenaza para la Iglesia. El viernes 13 de octubre de 1307, el Vaticano y los principales Estados europeos perpetraron una de las mayores operaciones policiacas de la Edad Media: durante la noche, los principales jefes templarios fueron secuestrados en sus castillos y conducidos a prisión. Eran acusados de practicar ceremonias secretas que incluían adoración del demonio, blasfemias contra Jesucristo, rituales orgiásticos y práctica de sodomía con los aspirantes.

Después de una violenta serie de torturas, abjuraciones y traiciones, la Orden del Temple fue borrada del mapa de la historia medieval. Sus tesoros fueron confiscados y sus miembros dispersos por el mundo. El último Maestre de la Orden, Jacques de Molay, fue quemado vivo en el centro de París, junto con otro compañero. Su última voluntad fue morir mirando las torres de la catedral de Notre Dame.[1]

No obstante, España, empeñada en la reconquista de la Península Ibérica, tuvo a bien aceptar a los caballeros que huían de toda Europa, para que ayudaran a sus reyes en el combate que mantenían contra los moros.

Estos caballeros fueron absorbidos por las órdenes españolas, entre las cuales estaba la Orden de Santiago de la Espada, responsable de la guardia del Camino.

Todo eso me pasó por la cabeza cuando, exactamente a las siete en punto de la tarde, crucé la puerta principal del

---

[1] A quien desee profundizar más en la historia y la importancia de la Orden del Temple, recomiendo el breve e interesante libro *Los templarios* de Régine Pernaud (Editorial Europa-América).

viejo castillo del Temple en Ponferrada, donde tenía una cita con la Tradición.

No había nadie. Esperé durante media hora, fumando un cigarro tras otro hasta que imaginé lo peor: el Ritual debió haber sido a las 7:00 AM, es decir, por la mañana, pero, en el momento en que decidía irme, entraron dos muchachas con la bandera de Holanda y la venera, símbolo del Camino de Santiago, cosida en la ropa. Se acercaron a mí, intercambiamos algunas palabras y concluimos que estábamos esperando lo mismo. El mensaje no estaba equivocado, pensé aliviado.

Cada quince minutos llegaba alguien. Aparecieron un australiano, cinco españoles y otro holandés. Salvo algunas preguntas sobre el horario —duda compartida por todos— no conversamos casi nada. Nos sentamos juntos en el mismo sitio del castillo: un atrio en ruinas que había servido de depósito de alimentos en tiempos antiguos, y decidimos esperar a que algo ocurriese, aun cuando fuera necesario esperar un día y una noche más.

La espera se prolongó y resolvimos conversar un poco sobre los motivos que nos habían llevado hasta allí. Entonces me enteré de que el Camino de Santiago es utilizado por varias órdenes, la mayoría ligada a la Tradición.

Las personas que estaban allí habían pasado por muchas pruebas e iniciaciones, pero eran pruebas que conocí mucho tiempo antes, en Brasil. Sólo el australiano y yo estábamos en busca del grado máximo del Primer Camino. Aun sin entrar en detalles, advertí que el proceso del australiano era completamente distinto de las Prácticas de RAM.

Aproximadamente a las 8:45 de la noche, cuando nos disponíamos a conversar sobre nuestras vidas, sonó un gong. El sonido provenía de la antigua capilla del castillo y allá nos dirigimos todos.

Fue una escena impresionante. La capilla —o lo que quedaba de ella, pues la mayor parte eran sólo ruinas— estaba totalmente iluminada por antorchas. En el sitio donde algún día había estado el altar, se perfilaban siete siluetas vestidas con los trajes seculares de los Templarios: capucha y casco de acero, una cota de malla de hierro, la espada y el escudo. Se me cortó el aliento: parecía que el tiempo hubiese dado un salto hacia atrás. Lo único que mantenía el sentido de la realidad eran nuestros vestuarios: jeans y camisetas con veneras cosidas.

Aun con la débil iluminación de las antorchas, pude percibir que uno de los caballeros era Petrus.

—Acérquense a sus maestres —dijo quien parecía ser el mayor—. Miren sólo en sus ojos. Quítense la ropa y reciban las vestiduras.

Me encaminé hacia Petrus y miré al fondo de sus ojos. Él estaba en una especie de trance y pareció no reconocerme, pero en sus ojos percibí una cierta tristeza, la misma que denotara su voz la noche anterior.

Me quité toda la ropa y Petrus me entregó una especie de túnica negra, perfumada, que se deslizó por mi cuerpo. Deduje que uno de esos maestres debía de tener más de un discípulo, pero no pude ver cuál era porque tenía que mantener los ojos fijos en los de Petrus.

El sumo sacerdote nos encaminó al centro de la capilla y dos caballeros comenzaron a trazar un círculo en torno nuestro, al tiempo que lo consagraban:

—Trinitas, Sother, Mesías, Emmanuel, Sabahot, Adonay, Athanatos, Jesu…[2]

Y el círculo fue siendo trazado, protección indispensable a los que estaban dentro de él. Noté que cuatro de estas personas tenían la túnica blanca, lo que significa voto total de castidad.

---

[2] Por ser un ritual extremadamente largo y que sólo puede ser comprendido por quienes conocen el camino de la Tradición, opté por resumir las fórmulas utilizadas. Sin embargo, esto no tiene ninguna consecuencia para el libro, pues este ritual fue ejecutado procurando sólo el reencuentro y el respeto con los Antiguos. Lo importante de esta parte en el Camino de Santiago —el Ejercicio de la Danza— se describe aquí en su totalidad.

—¡Amides, Theodonias, Anitor! —dijo el Sumo Sacerdote—. Por los méritos de los ángeles, Señor, coloco la vestimenta de la salvación y que todo cuanto yo deseare pueda transformarse en realidad a través de ti, ¡oh, muy sagrado Adonay, cuyo reino dura por siempre. Amén!

El Sumo Sacerdote colocó sobre su cota de malla el manto blanco, con la cruz templaria bordada en rojo al centro. Los otros caballeros hicieron lo mismo.

Eran exactamente las nueve de la noche, hora de Mercurio, el Mensajero, y allí estaba yo, de nuevo en el centro de un círculo de la Tradición. Un incienso de menta, albahaca y benjuí fue esparcido en la capilla y comenzó la gran invocación, hecha por todos los Caballeros:

—Oh, gran y poderoso Rey N., que reináis por el poder del Supremo Dios, ÉL, sobre todos los espíritus superiores e inferiores, pero esencialmente sobre la Orden Infernal del Dominio del Este, yo os invoco […] de manera que pueda cumplir mi deseo, sea cual fuere, siempre que sea digno de tu trabajo, por el poder de Dios. ÉL, que creó y dispone de todas las cosas, celestes, aéreas, terrestres e infernales.

Un profundo silencio cayó sobre todos nosotros y, aun sin ver, pudimos sentir la presencia del nombre invocado. Esto era la consagración del Ritual, una señal propicia para proseguir con las obras mágicas. Ya había participado en centenas de ceremonias así, con resultados mucho más sorprendentes al llegar ese momento, pero el castillo templario debe haber estimulado un poco mi imaginación, luego creí ver, irguiéndose en el lado izquierdo de la capilla, una especie de ave brillante que nunca había visto.

El Sumo Sacerdote nos roció con agua, sin pisar dentro del círculo. Después, con la Tinta Sagrada, escribió en la tierra los 72 nombres con los cuales Dios es llamado en la Tradición.

Todos —peregrinos y Caballeros— comenzamos a recitar los nombres sagrados. El fuego de las antorchas crepitó, en señal de que el espíritu invocado se había sometido.

Llegó el momento de la danza. Entendí por qué Petrus me había enseñado a bailar el día anterior, una danza diferente de la que acostumbraba hacer en esta etapa del ritual.

No se nos dijo, pero todos ya conocíamos la regla: nadie podía pisar fuera de aquel círculo de protección, pues no portábamos la protección que aquellos caballeros tenían bajo sus cotas de malla. Mentalicé el tamaño del círculo e hice exactamente lo que Petrus me había enseñado.

Comencé a pensar en la infancia. Una voz, un lejana voz de mujer dentro de mí comenzó a cantar canciones de ronda. Me arrodillé, me encogí totalmente en la posición de semilla y sentí que mi pecho —tan sólo mi pecho— comenzaba a bailar. Me sentía bien y ya estaba por completo en el Ritual de la Tradición.

Al poco tiempo, la música dentro de mí fue transformándose; los movimientos comenzaron a ser más bruscos y entré en un poderoso éxtasis. Veía todo oscuro y mi cuerpo había perdido todo su peso en aquella oscuridad. Comencé a pasear por los campos floridos de Aghata y en ellos me encontré con mi abuelo y con un tío que había marcado mucho mi infancia. Sentí la vibración del Tiempo en su tapiz de encrucijadas, donde todos los caminos se confunden y se mezclan, y se igualan, a pesar de ser tan diferentes.

En un determinado momento vi pasar, con gran velocidad, al australiano: su cuerpo emanaba un resplandor rojo.

La próxima imagen completa fue la de un cáliz y una patena,[3] y esta imagen se mantuvo fija durante mucho tiempo, como si quisiera decirme algo. Intentaba descifrarla, pero no lograba comprender nada, a pesar de la certeza de que se relacionaba con mi espada. Después creí ver el cuchillo de RAM, surgiendo en medio de la oscuridad formada cuando el cáliz y la patena desaparecieron, pero cuando la faz se aproximó era sólo el rostro de N., el espíritu invocado, mi viejo conocido. No establecimos

---

[3] Especie de plato circular, normalmente de oro, utilizado por el sacerdote durante la misa para colocar la hostia consagrada.

ningún tipo de comunicación especial y su faz se dispersó en la oscuridad que iba y regresaba.

No sé cuánto tiempo permanecimos bailando, pero de repente oí una voz:

—IAHWEH, TETRAGRAMMATON... —y yo no quería salir del trance, pero la voz insistía:

—IAHWEH, TETRAGRAMMATON... —y reconocí la voz del Sumo Sacerdote, haciendo que todo mundo volviera del trance. Eso me molestó, la Tradición aún era mi raíz y yo no quería volver, pero el Maestre insistía:

—IAHWEH, TETRAGRAMMATON...

No me fue posible continuar en trance. Contrariado, volví a la Tierra. Estaba de nuevo en el círculo mágico, en el ambiente ancestral del castillo templario.

Los peregrinos comenzamos a mirarnos unos a otros. La súbita interrupción pareció haber disgustado a todos. Sentí unas ganas inmensas de comentar con el australiano que lo había visto. Cuando lo miré, percibí que no era necesario decirlo: él también me había visto.

Los caballeros se colocaron en torno nuestro. Sus manos comenzaron a golpear los escudos con las espadas, generando un ruido ensordecedor, hasta que el Sumo Sacerdote dijo:

—Espíritu N., porque diligentemente atendiste mis demandas, con solemnidad permito que partas, sin injuria a hombre o bestia. Ve, te digo, y apréstate a volver ansioso, siempre que seas debidamente exorcizado y conjurado por los Sagrados Ritos de la Tradición. Yo te conjuro a retirarte pacífica y tranquilamente, a fin de que la paz de Dios continúe por siempre entre tú y yo. Amén.

El círculo fue deshecho y nos arrodillamos con la cabeza inclinada hacia abajo. Un caballero rezó con nosotros siete padrenuestros y siete avemarías. El Sumo Sacerdote añadió siete credos, afirmando que Nuestra Señora de Medjugorje —que se aparecía en Yugoslavia desde 1982— así lo había determinado. Iniciábamos ahora un ritual cristiano.

—Andrew, levántate y ven acá —dijo el Sumo Sacerdote—. El australiano caminó hasta quedar frente al altar, donde estaban reunidos los siete caballeros.

Otro caballero —que debía ser su guía— dijo:

—Hermano, ¿demandáis la compañía de la Casa?

—Sí —respondió el australiano, y entendí qué ritual cristiano estábamos presenciando: la Iniciación de un Templario.

—¿Conocéis los grandes rigores de la Casa y las órdenes caritativas que en ella están?

—Estoy dispuesto a soportar todo, por Dios, y deseo ser siervo y esclavo de la Casa, siempre, todos los días de mi vida —respondió el australiano.

Luego vino una serie de preguntas rituales, algunas de las cuales carecen de sentido en el mundo actual y otras de profunda devoción y amor. Andrew, cabizbajo, a todo respondía.

—Distinguido hermano, gran cosa me pedís, pues de nuestra religión no veis sino la apariencia externa: los hermosos caballos, la bella ropa —dijo su guía—. Pero no sabéis los duros mandamientos que hay detrás y es duro que vos, que sois señor de vos mismo, os hagáis siervo de otros, pues rara vez haréis lo que queráis. Si quisiereis estar aquí, os mandarán al otro lado del mar, y si quisiereis estar en Acre os mandarán a la tierra de Trípoli o de Antioquía o de Armenia, y cuando quisiereis dormir, seréis obligado a velar, y si quisiereis quedaros en vela seréis mandado a descansar en vuestro lecho.

—Quiero entrar en la Casa —respondió el australiano.

Parecía que los ancestrales Templarios, que algún día habitaron ese castillo, asistían satisfechos a ceremonias de iniciación. Las antorchas crepitaban intensamente.

Siguieron varias amonestaciones y a todas el australiano contestó que aceptaba, que quería entrar en la Casa. Finalmente su guía se volvió hacia el Sumo Sacerdote y repitió todas las respuestas que el australiano había dado. El Sumo Sacerdote, con solemnidad, preguntó una vez más si estaba dispuesto a aceptar todas las normas que la Casa exigiese:

—Sí, Maestre, si Dios quiere. Vengo ante Dios, ante vos y ante los frailes y os imploro y solicito, por Dios y Nuestra

Señora, que me acojáis en vuestra compañía y a los favores de la Casa, espiritual y temporalmente, como quien quiere ser siervo y esclavo de la Casa, todos los días de su vida, de aquí en adelante.

—Hacedlo venir, por el amor de Dios —dijo el Sumo Sacerdote.

Y en este momento todos los caballeros desenvainaron sus espadas y apuntaron al cielo. Después bajaron las hojas e hicieron una corona de acero sobre la cabeza de Andrew. El fuego hacía que las láminas reflejasen una luz dorada, lo que daba al momento un carácter sagrado.

Solemnemente su Maestre se aproximó y le entregó su espada.

Alguien comenzó a tocar una campana, que resonaba por las paredes del antiguo castillo, repitiéndose a sí misma hasta el infinito. Todos inclinamos la cabeza y los Caballeros desaparecieron de la vista. Cuando volvimos a levantar el rostro, sólo éramos diez, pues el australiano había partido con ellos al banquete ritual.

Nos cambiamos de ropa y nos despedimos sin mayores formalidades. La danza debe de haber durado mucho tiempo, pues comenzaba a clarear. Una inmensa soledad invadió mi alma.

Sentí envidia del australiano, que había recuperado su espada y llegado al final de su búsqueda. Yo estaba solo, sin nadie que me guiara de aquí en adelante, porque la Tradición —en un distante país de América del Sur— me había expulsado de ella sin enseñarme el camino de regreso y yo tuve que recorrer el Extraño Camino de Santiago, que ahora estaba llegando al final, sin que conociera el secreto de mi espada o la manera de encontrarla.

La campana continuaba tocando. Al salir del castillo, con el día casi amaneciendo, reparé en que era la campana de una iglesia próxima, llamando a los fieles a su primera misa del día. La ciudad despertaba a sus horas de trabajo, a sus amores sufridos, a sus sueños distantes y a sus cuentas por pagar, sin que la campana ni la ciudad supiesen que, esa noche, un rito ancestral se había consumado una vez más, y que aquello que creían muerto hacía siglos continuaba renovándose y mostrando su inmenso poder.

El Cebreiro

—¿Usted es un peregrino? —preguntó la niña, única presencia viva en aquella tarde tórrida de Villafranca del Bierzo.

La miré y no dije nada. Debía tener unos ocho años de edad, estaba mal vestida y había corrido hasta la fuente donde me había sentado a descansar un poco.

Mi única preocupación ahora era llegar rápido a Santiago de Compostela y acabar de una vez con aquella loca aventura. No podía olvidar la voz triste de Petrus en el estacionamiento de vagones de tren, ni su mirada distante cuando fijé mis ojos en los suyos durante el Ritual de la Tradición. Era como si todo el esfuerzo que él hubiera hecho por ayudarme hubiese sido en vano. Estoy seguro de que a Petrus le habría gustado que, cuando el australiano fue llamado al altar, yo también hubiese sido llamado.

Mi espada bien podría estar escondida en ese castillo, lleno de leyendas y de sabiduría ancestral. Era un lugar que encajaba perfectamente en todas las conclusiones a las que había llegado: desierto, visitado apenas por algunos peregrinos respetuosos de las reliquias de la Orden del Temple, además de ser un terreno sagrado.

Pero sólo el australiano fue llamado al altar y Petrus debió haberse sentido humillado ante los otros por no haber sido un guía capaz de conducirme hasta la espada.

Además, el Ritual de la Tradición nuevamente había despertado en mí un poco la fascinación por la sabiduría de lo Oculto, que ya había aprendido a olvidar mientras hacía el Extraño Camino de Santiago, el "camino de las personas comunes".

Las invocaciones, el control casi absoluto de la materia, la comunicación con los otros mundos, todo aquello era mucho más interesante que las Prácticas de RAM. Es posible que las Prácticas tuviesen una aplicación más objetiva en mi vida; sin duda yo había cambiado mucho desde que empecé a recorrer el Extraño Camino de Santiago. Gracias a la ayuda de Petrus había descubierto que el conocimiento adquirido podía hacerme escalar cascadas, vencer Enemigos y conversar con el Mensajero sobre cosas prácticas y objetivas. Había conocido el rostro de mi Muerte y el Globo Azul del Amor que Devora, inundando el mundo entero.

Estaba listo para librar el Buen Combate y hacer de la vida una serie de victorias.

No obstante, una parte escondida de mí aún sentía nostalgia de los círculos mágicos, de las fórmulas trascendentales, del incienso y de la Tinta Sagrada. Lo que Petrus había llamado "un homenaje a los Antiguos", había sido para mí un contacto intenso y nostálgico con viejas lecciones olvidadas, y la simple posibilidad de que tal vez nunca más pudiese acceder a ese mundo me dejaba sin ánimos de proseguir.

Cuando volví al hotel, después del Ritual de la Tradición, encontré junto a mi llave la *Guía del peregrino*, un libro que Petrus utilizaba para los puntos donde las señales amarillas eran menos visibles y para que pudiésemos calcular la distancia entre una ciudad y otra. Dejé Ponferrada esa misma mañana —sin dormir— y seguí el Camino.

La primera tarde descubrí que el mapa no estaba a escala, lo que me obligó a pasar una noche a la intemperie, en un refugio natural de roca.

Allí, meditando sobre todo lo que me había sucedido desde el encuentro con Mme. Lawrence, no podía borrar de mi mente el esfuerzo insistente de Petrus por hacerme entender que, al contrario de lo que siempre nos habían enseñado, lo importante eran los resultados. El esfuerzo era saludable e indispensable, pero sin los resultados no significaban nada, y el único resultado que podía esperar de mí mismo y de todo aquello que había pasado era encontrar mi espada, lo que no había sucedido hasta ahora, y faltaban pocos días de caminata para llegar a Santiago.

—Si usted es un peregrino, puedo llevarlo hasta el Portal del Perdón —insistió la niña junto a la fuente de Villafranca del Bierzo—. Quien cruza esa puerta no necesita ir hasta Santiago.

Le di algunas pesetas, para que se fuera pronto y me dejara en paz, pero, en lugar de esto, la niña comenzó a jugar con el agua de la fuente, mojando mi mochila y mis bermudas.

—Vamos, vamos, señor —dijo una vez más. En ese preciso momento, yo estaba pensando en una de las constantes citas de Petrus: "El que labra, debe hacerlo con esperanza. El que trilla, debe hacerlo con la esperanza de recibir la parte que le es debida". Era una de las epístolas del apóstol Pablo.

Necesitaba resistir un poco más, continuar buscando hasta el final, sin miedo de ser derrotado, tener aún la esperanza de encontrar mi espada y descubrir su secreto, y, ¿quién sabe?, quizá aquella niña estuviese intentando decirme algo que no estaba queriendo entender. Si el Portal del Perdón, que quedaba en una iglesia, tenía el mismo efecto espiritual que la llegada a Santiago, ¿por qué no podía estar allí mi espada?

—Vamos pronto —dijo la niña. Miré al monte que había acabado de bajar; era necesario volver atrás y subir parte de él nuevamente. Había pasado por el Portal del Perdón sin ningún deseo de conocerlo, pues mi único objetivo fijo era llegar a Santiago. Sin embargo, allí estaba una niña, única presencia viva en aquella tórrida tarde de verano, insistiendo en que yo volviera atrás y conociera algo por lo que había pasado de largo. Tal vez mi prisa y mi desánimo me hubiesen hecho pasar junto a mi objetivo sin reconocerlo. Al final de cuentas, ¿por qué aquella muchachita no se había ido después de haberle dado el dinero?

Petrus siempre dijo que me gustaba mucho fantasear sobre las cosas, pero podría estar equivocado.

Mientras acompañaba a la niña, me acordaba de la historia del Portal del Perdón. Era una especie de "arreglo" al que la Iglesia había llegado con los peregrinos enfermos, pues de allí en adelante el Camino volvía a ser accidentado y lleno de montañas hasta Compostela. Entonces, en el siglo XII, algún papa dijo que quien no tuviese fuerzas para seguir adelante, bastaba atravesar el Portal del Perdón para recibir las mismas indulgencias de los peregrinos que llegaban al final del Camino.

Con un pase de magia, el papa había resuelto el problema de las montañas y estimulado las peregrinaciones.

Subimos por el mismo lugar por el que había pasado antes: caminos sinuosos, resbaladizos y escarpados. La niña iba al frente, disparada como un rayo, y muchas veces tuve que pedirle que fuera más despacio. Obedecía por un cierto tiempo y luego perdía el sentido de la velocidad y comenzaba a correr de nuevo. Media hora después de muchas reclamaciones, llegamos finalmente al Portal del Perdón.

—Tengo la llave de la iglesia —dijo—. Voy a entrar y a abrir el Portal, para que usted lo atraviese.

La niña entró por la puerta principal y me quedé esperando afuera. Era una capilla pequeña cuyo portal era una abertura orientada al norte. Su umbral estaba totalmente decorado con veneras y escenas de la vida de Santiago. Cuando comenzaba a oír el ruido de la llave en la cerradura, un inmenso pastor alemán —surgido de no sé dónde— se acercó y se interpuso entre el Portal y yo.

Mi cuerpo se preparó inmediatamente para la pelea. "Una vez más —pensé para mis adentros—. Parece que esta historia no va a acabar nunca. Siempre pruebas, luchas y humillaciones, y ninguna pista de la espada".

Sin embargo, en ese momento el Portal del Perdón se abrió y la niña apareció. Al ver al perro mirándome —yo ya tenía los ojos fijos en los suyos—, dijo algunas palabras cariñosas y el animal enseguida se amansó. Moviendo la cola, se dirigió al fondo de la iglesia.

Era posible que Petrus tuviera razón. Me encantaba fantasear con las cosas. Un simple pastor alemán se había transformado en algo amenazador y sobrenatural. Era una mala señal, señal del cansancio que lleva a la derrota.

Pero aún quedaba una esperanza. La niña me hizo una seña de que entrara. Con el corazón lleno de expectativas, crucé el Portal del Perdón y recibí las mismas indulgencias que los peregrinos a Santiago.

Mis ojos recorrieron el templo vacío, casi sin imágenes, en busca de lo único que me interesaba.

—Allí están los capiteles en concha, símbolo del Camino —comenzó la niña, cumpliendo su papel de guía turístico—. Ésta es Santa Águeda, del siglo…

En poco tiempo me di cuenta que había sido inútil volver sobre todo ese trecho.

—…y éste es Santiago Matamoros, blandiendo su espada y con los moros debajo de su caballo, estatua del siglo…

Allí estaba la espada de Santiago, pero no la mía. Di algunas pesetas a la niña y no las aceptó. Medio ofendida, pidió que saliera pronto y dio por terminadas las explicaciones sobre la iglesia.

Bajé nuevamente la montaña y volví a caminar con dirección a Compostela. Mientras cruzaba por segunda vez Villafranca del Bierzo, apareció otro hombre que dijo llamarse Ángel y me preguntó si quería conocer la iglesia de San José Obrero. Pese a la magia de su nombre, acababa de sufrir una decepción y ya estaba seguro de que Petrus era un verdadero conocedor del espíritu humano. Siempre tendemos a fantasear sobre lo que no existe y a no ver las grandes lecciones que están ante nuestros ojos.

Pero sólo para confirmarlo una vez más, me dejé conducir por Ángel hasta llegar a la otra iglesia. Estaba cerrada y no tenía la llave. Me mostró, sobre la puerta, la estatua de San José con las herramientas de carpintero en la mano. Miré, agradecí y le ofrecí algunas pesetas. No quiso aceptar y me dejó en medio de la calle.

—Estamos orgullosos de nuestra ciudad —dijo—. No hacemos esto por dinero.

Volví una vez más al mismo camino y en quince minutos había dejado atrás Villafranca del Bierzo, con sus puertas, sus calles y sus guías misteriosos que nada pedían a cambio.

Seguí durante algún tiempo por el terreno montañoso, donde el esfuerzo era mucho y el progreso muy escaso. Al comienzo pensaba sólo en mis preocupaciones anteriores: la soledad, la vergüenza de haber decepcionado a Petrus, mi espada y su secreto.

Al poco rato, la imagen de la niña y de Ángel comenzaron a volver a cada instante a mi pensamiento. Mientras yo tenía la mirada fija en mi recompensa, ellos me habían dado lo mejor de sí: su amor por esa ciudad, sin pedir nada a cambio. Una idea aún medio confusa empezó a tomar forma en las profundidades de mi ser. Era una especie de lazo de unión entre todo aquello. Petrus siempre había insistido en que la búsqueda de la recompensa era absolutamente necesaria para que la Victoria llegase. No obstante, siempre que me olvidaba del resto del mundo y me preocupaba sólo de mi espada, él me hacía volver a la realidad mediante procesos dolorosos.

Ese procedimiento se había repetido varias veces durante el Camino.

Era algo a propósito y allí debía de estar el secreto de mi espada. Lo que estaba sumergido en el fondo de mi alma comenzó a sacudirse y a mostrar un poco de luz. Aún no sabía lo que estaba pensando, pero algo me decía que estaba tras la pista correcta.

Agradecí que Ángel y la niña se hubiesen cruzado en mi camino; el Amor que Devora estaba presente en la forma como hablaban de las iglesias.

Me hicieron recorrer dos veces el camino que había determinado hacer aquella tarde y, debido a esto, había vuelto a olvidar la fascinación por el Ritual de la Tradición y volví a tierras de España.

Recordé un día ya muy distante, cuando Petrus me contó que habíamos caminado varias veces la misma ruta de los Pirineos. Sentí nostalgia de aquel día. Había sido un buen comienzo; quién sabe si la repetición del mismo hecho, ahora, era presagio de un buen final.

Aquella noche llegué a un poblado y pedí posada en casa de una anciana que me cobró una cantidad mínima por la cama y la alimentación. Conversamos un poco, me habló de su fe en el Sagrado Corazón de Jesús, y de sus preocupaciones por la cosecha de aceitunas en aquel año de sequía. Tomé el vino, la sopa y me fui a dormir temprano.

Estaba sintiéndome más tranquilo, debido a aquel pensamiento que se formaba en mí y que pronto estallaría. Recé, hice algunos ejercicios que Petrus me enseñó y resolví invocar a Astrain.

Necesitaba conversar con él sobre lo que había sucedido durante la lucha con el perro. Aquel día el Mensajero había hecho lo posible por perjudicarme y después de rehusarse cuando el episodio de la cruz, estaba decidido a alejarlo para siempre de mi vida, pero si no hubiese identificado su voz habría cedido a las tentaciones que aparecieron durante todo el combate.

"Hiciste lo posible por ayudar a Legión a vencer", dije.

"Yo no lucho contra mis hermanos", respondió Astrain.

Era la respuesta que estaba esperando. Ya había sido prevenido al respecto y era una tontería molestarme porque el Mensajero había seguido su propia naturaleza. Debía buscar en él el compañero que me ayudase en momentos como el que estaba pasando ahora, ésta era su única función.

Dejé a un lado el rencor y comenzamos a conversar animadamente sobre el Camino, sobre Petrus y sobre el secreto de la espada, que ya presentía tener dentro de mí. No dijo nada importante, sólo que estos secretos le estaban vedados, pero al menos tuve alguien con quien desahogarme un poco, tras una tarde entera en silencio. Conversamos hasta tarde, cuando de pronto la anciana golpeó mi puerta diciendo que yo hablaba dormido.

Desperté más animado y emprendí la caminata muy temprano por la mañana. Según mis cálculos, llegaría esa misma tarde a tierras de Galicia, donde estaba Santiago de Compostela. Todo el camino era de subida y tuve que hacer doble esfuerzo, durante casi cuatro horas, para mantener el ritmo de caminata a que me había impuesto. A cada momento esperaba que tras la siguiente loma comenzara el camino de bajada, pero esto no sucedió nunca y acabé perdiendo las esperanzas de caminar más rápido esa mañana.

A lo lejos, divisé algunas montañas más altas y pensé que tarde o temprano tendría que pasar por ellas. Mientras tanto, el esfuerzo físico había parado casi por completo mi pensamiento, y comencé a sentirme más amigo de mí mismo.

A fin de cuentas, pensé, ¿cuántos hombres en este mundo podían tomar en serio a alguien que deja todo para buscar una espada? Y ¿qué significado podría tener verdaderamente en mi vida el hecho de no lograr encontrarla? Había aprendido las Prácticas de RAM, conocido mi Mensajero, luchado con el perro y mirado mi propia Muerte, repetía una vez más, intentando convencerme de cuán importante era para mí el camino de Santiago. La espada era sólo una consecuencia. Me gustaría encontrarla, pero más me gustaría saber qué hacer con ella, porque necesitaba utilizarla de algún modo práctico, como había utilizado los ejercicios que Petrus me enseñara.

Me detuve de repente. El pensamiento, hasta entonces sumergido, estalló. Todo en derredor quedó claro y una ola incontrolable de Ágape brotó de dentro de mí. Deseé con todas mis fuerzas que Petrus estuviese allí, para que pudiese contarle lo que quería saber de mí, lo único que en verdad esperaba que descubriese y que coronaba todo ese enorme tiempo de enseñanzas por el Extraño Camino de Santiago: el secreto de mi espada.

Y el secreto de mi espada, como el secreto de cualquier conquista que el hombre busca en esta vida, era el más sencillo del mundo: qué hacer con ella.

Jamás había pensado en esos términos. Durante el Extraño Camino de Santiago, todo lo que quería saber era dónde estaba escondida mi espada. No me pregunté por qué deseaba encontrarla y para qué la necesitaba. Estaba con toda mi energía vuelta hacia la recompensa, sin entender que cuando alguien desea algo, debe tener una finalidad muy clara para lo que quiere.

Éste es el único motivo para buscarse una recompensa y éste era el secreto de mi espada.

Petrus necesitaba saber que yo había descubierto eso, pero estaba seguro de que no volvería a verlo más. Él había esperado tanto ese día y no lo había visto.

Entonces, me arrodillé en silencio, arranqué una hoja de mi cuaderno de anotaciones y escribí lo que pretendía hacer con mi espada. Después doblé cuidadosamente la hoja y la coloqué bajo una piedra, que me recordaba su nombre y su amistad. En breve, el tiempo destruiría ese papel, pero simbólicamente se lo estaba entregando a Petrus.

Él ya sabía lo que conseguiría con mi espada. Mi misión con Petrus también estaba cumplida.

Seguí montaña arriba, con Ágape fluyendo de mí y coloreando todo el paisaje a mi alrededor. Ahora que había descubierto el secreto, descubriría lo que buscaba.

Una fe, una firme certeza invadió todo mi ser. Comencé a cantar la melodía italiana que Petrus había recordado en el estacionamiento de trenes. Como no me sabía la letra, empecé a inventarla. No había nadie cerca, cruzaba entre una espesa vegetación y el aislamiento me hizo cantar más alto. Al poco tiempo percibí que las palabras que inventaba adquirían un absurdo sentido en mi cabeza; era un medio de comunicación con el mundo que sólo yo conocía, pues ahora el mundo estaba enseñándome.

Lo había experimentado antes de una manera distinta, cuando tuve mi primer encuentro con Legión. Ese día se había manifestado en mí el Don de Lenguas. Había sido siervo del Espíritu, que me utilizó para salvar a una mujer, crear un Enemigo y enseñarme la forma cruel del Buen Combate. Ahora era diferente: yo era mi propio Maestre y me enseñaba a conversar con el Universo.

Comencé a conversar con todas las cosas que aparecían por el camino: troncos de árboles, pozas de agua, hojas caídas y enredaderas vistosas. Era un ejercicio de personas comunes que los niños enseñaban y los adultos olvidaban, pero había una maravillosa respuesta de parte de las cosas, como

si entendiesen lo que estaba diciendo y a cambio me inunda-
ran con el Amor que Devora.

Entré en una especie de trance y me asusté, pero estaba
dispuesto a seguir hasta cansarme de aquel juego.

Una vez más Petrus tenía razón: enseñándome a mí mismo, me transformaba en Maestre.

Llegó la hora del almuerzo y no me detuve a comer. Cuando
atravesaba las pequeñas poblaciones por el camino, hablaba
en voz más baja, me reía solo y si por ventura alguien me
prestó atención, debió haber concluido que los peregrinos de
hoy llegaban locos a la catedral de Santiago, pero esto no tenía importancia, porque yo celebraba la vida a mi alrededor
y ya sabía lo que debía hacer con mi espada cuando la en-
contrase.

Durante el resto de la tarde caminé en trance, consciente
de adónde quería llegar, pero mucho más aún de la vida que
me rodeaba y que me devolvía Ágape.

En el cielo comenzaron a formarse, por primera vez, negros nubarrones, y rogué que lloviera, porque después de
tanto tiempo de caminata y de sequía, la lluvia era otra vez
una experiencia nueva, excitante. A las tres de la tarde pisé
tierras de Galicia y en mi mapa vi que faltaba sólo una montaña para completar la travesía de aquella etapa. Decidí que
habría de cruzarla y dormir en el primer lugar habitado de la
bajada: Tricastela, donde un gran rey —Alfonso IX— soñó
crear una inmensa ciudad, que muchos siglos después aún no
pasaba de ser un poblado rural.

Todavía cantando y hablando la lengua que había inventado para conversar con las cosas, empecé a subir la montaña que faltaba: el Pedrafita de Cebreiro. El nombre provenía
de remotos poblados romanos del lugar y parecía indicar el
mes de "fevereiro"*, donde algo importante debió haber sucedido. Antiguamente era considerado el paso más difícil de

* "Febrero" en gallego y portugués (N. de la T.).

la Ruta Jacobea, pero hoy las cosas habían cambiado. Excepto por la subida, más empinada que las otras, una antena de televisión, en un monte cercano, servía siempre de referencia a los peregrinos y evitaba constantes desvíos de ruta, comunes y fatales en el pasado.

Las nubes comenzaron a bajar mucho y en poco tiempo estaría entrando en la neblina. Para llegar a Tricastela, debía seguir con todo cuidado las marcas amarillas, ya que la antena de televisión estaba oculta por la neblina. Si me perdiera, terminaría durmiendo una noche más a la intemperie, y aquel día, con amenaza de lluvia, la experiencia parecía bastante desagradable. Una cosa es dejar que las gotas te caigan en el rostro, gozar a plenitud de la libertad y la vida, pero terminar por la noche en un lugar acogedor —con un vaso de vino y una cama donde descansar lo necesario para la caminata del día siguiente, y otra, dejar que las gotas de agua se transformen en una noche insomne, intentando dormir en el barro, con los vendajes mojados sirviendo de terreno fértil a la infección en la rodilla.

Tenía que bajar rápido. Debía seguir adelante y atravesar la neblina —pues aún había bastante luz para ello— o volver a dormir en el pequeño poblado por el cual había pasado algunas horas antes, dejando la travesía por el Pedrafita de Cebreiro para el día siguiente.

En el momento en que sentí la necesidad de tomar una decisión de inmediato, noté también que algo extraño estaba sucediendo conmigo. La certeza de que había descubierto el secreto de mi espada me empujaba hacia delante, a la neblina que en breve me rodearía. Era un sentimiento muy distinto del que me hizo seguir a la niña hasta el Portal del Perdón, o al hombre que me llevó a la iglesia de San José Obrero.

Recordé que, las pocas veces que acepté dar un curso de magia en Brasil, acostumbraba comparar la experiencia mística con otra experiencia que todos hemos tenido: andar en bicicleta. Usted comienza subiendo a la bicicleta, empujando el pedal y cayendo. Monta y cae, monta y cae, y aprende a lograr el equilibrio poco a poco. Sin embargo, de repente sucede que el equilibrio es perfecto y logra dominar por completo el vehículo.

No existe una experiencia acumulativa, sino una especie de "milagro" que sólo se manifiesta en el momento en que la bicicleta comienza a "andar con usted"; o sea, cuando acepta seguir la falta de equilibrio de ambas ruedas y, a medida que lo sigue, pasa a utilizar el impulso inicial de caída y lo transforma en una curva o en más impulso para el pedal.

En ese momento, subiendo el Pedrafita de Cebreiro, a las cuatro de la tarde, noté que el mismo milagro había sucedido. Después de tanto tiempo andando por el Camino de Santiago, éste empezaba a "andarme". Yo seguía eso que todos llaman "intuición" y debido al Amor que Devora experimentado durante todo el día, al secreto de mi espada que había descubierto y porque el hombre en los momentos de crisis siempre toma la decisión correcta, caminaba sin miedo con dirección a la neblina.

"Esta nube tiene que acabarse", pensaba mientras luchaba por descubrir las marcas amarillas en las piedras y en los árboles del Camino. Hacía casi una hora que la visibilidad era muy poca y yo continuaba cantando, para alejar el miedo, mientras esperaba que algo extraordinario sucediera.

Rodeado por la neblina, solo en aquel ambiente irreal, una vez más comencé a ver el Camino de Santiago como si fuera una película, en el momento en que vemos al héroe hacer lo que nadie haría, mientras en las butacas la gente piensa que estas cosas sólo pasan en el cine. Pero allí estaba yo, viviendo esta situación en la vida real.

La floresta iba quedándose cada vez más silenciosa y la neblina comenzó a dispersarse bastante. Podría ser que estuviera llegando al final, pero aquella luz confundía mis ojos y pintaba todo a mi alrededor con colores misteriosos y aterradores.

Ahora el silencio era casi total y justo prestaba atención a esto cuando creí oír, a mi izquierda, una voz de mujer. Me detuve de inmediato, esperaba que el sonido se repitiera, pero no escuché ningún ruido —ni siquiera el ruido normal de las florestas, con sus grillos, insectos y animales pisando hojas secas—. Miré el reloj: eran exactamente las 5:15 de la tarde. Calculé que todavía faltaban unos cuatro kilómetros para llegar hasta Torrestrela y el tiempo de camino era más que suficiente para que yo pudiese hacerlo aún con luz de día.

Cuando dejé de ver el reloj, escuché de nuevo la voz femenina. A partir de ese momento viviría una de las experiencias más importantes de toda mi vida.

La voz no venía de ningún lugar del bosque, sino de dentro de mí. Podía escucharla de una manera clara y nítida, y hacía que mi intuición la volviera más fuerte. No era ni yo ni Astrain el dueño de aquella voz. Sólo me dijo que debía continuar caminando, a lo que obedecí sin pestañear. Era como si Petrus hubiese vuelto, hablándome del mandar y el servir, y en ese instante yo fuese apenas un instrumento del Camino que "me caminaba".

La neblina fue disipándose cada vez más, como si estuviera llegando a su fin. A mi lado había árboles dispersos, un terreno húmedo y resbaladizo, y la misma subida empinada que desde hacía bastante tiempo recorría.

De repente, como por un acto de magia, la neblina se deshizo por completo y, delante de mí, clavada en lo alto de la montaña, estaba la cruz.

Miré a mi alrededor, vi el mar de nubes de donde salí y otro mar de nubes muy por encima de mi cabeza. Entre estos dos océanos, los picos de las montañas más altas y el pico del Pedrafita de Cebreiro, con la cruz. Me invadieron unas inmensas ganas de rezar; aun sabiendo que aquello me apartaría del camino de Torrestrela, resolví subir hasta la cima de la montaña y hacer mis oraciones al pie de la cruz.

Fueron cuarenta minutos de subida, que hice en silencio externo e interno. La lengua que había inventado desapareció de mi cabeza, ya no servía para comunicarme con los hombres, ni con Dios. El Camino de Santiago era quien "me caminaba" y me revelaría el lugar donde estaba mi espada. Una vez más Petrus tenía razón.

Al llegar a lo alto, vi a un hombre sentado al lado de la cruz escribiendo algo. Durante algunos momentos pensé que era un enviado, una visión sobrenatural, pero la intuición dijo que no y vi la venera cosida en su ropa: era sólo un peregrino, que me miró durante un largo rato y se fue, importunado con mi presencia. Tal vez estuviese esperando lo mismo que yo, un ángel, y nos habíamos descubierto como hombres, en el camino de las personas comunes.

A pesar del deseo de orar, no pude decir nada. Permanecí frente a la cruz por mucho tiempo, mirando las montañas y las nubes —que cubrían el cielo y la tierra, dejando apenas las altas cumbres sin neblina.

Cien metros debajo de mí, un poblado con quince casas y una iglesita comenzó a encender sus luces. Por lo menos tenía dónde pasar la noche, cuando el camino así lo ordenase. No sabía exactamente a qué horas sucedería esto, pero a pesar de que Petrus se había ido, yo no carecía de guía. El Camino "me caminaba".

Un cordero perdido subió el monte y se colocó entre la cruz y yo. Me miró un poco asustado. Durante mucho tiempo me quedé mirando el cielo casi negro, la cruz y el cordero blanco a sus pies. Entonces sentí de una vez por todas el cansancio de todo ese tiempo de pruebas, de luchas, de lecciones y de caminata.

Sentí un terrible dolor en el estómago, que comenzó a subir por la garganta hasta transformarse en sollozos secos, sin lágrimas, ante aquel cordero y aquella cruz. Una cruz que no necesitaba poner en pie, porque allí estaba ante mí, resistiendo al tiempo, solitaria e inmensa. Mostraba el destino que el hombre había dado, no a Dios sino a sí mismo. Todas las lecciones del Camino de Santiago comenzaron a volver a mi cabeza, mientras sollozaba ante el testimonio solitario de aquel cordero.

—Señor —dije, al lograr finalmente rezar—. No estoy clavado en esta cruz y tampoco te veo allí. Esta cruz está vacía y así debe permanecer para siempre, porque el tiempo de la Muerte ya pasó y ahora un dios resucita en mí. Esta cruz era el símbolo del Poder infinito que todos tenemos, clavado y muerto por el hombre. Ahora este Poder renace a la vida, el mundo está salvo y yo soy capaz de obrar sus Milagros. Porque recorrí el camino de las personas comunes y en ellas encontré Tu propio secreto.

"También tú recorriste el camino de las personas comunes. Viniste a enseñar todo lo que éramos capaces de hacer y no quisimos aceptarlo. Nos mostraste que el Poder y la Gloria estaban al alcance de todos y esta súbita visión de nuestra capacidad fue demasiado para nosotros.

"Te crucificamos no porque fuéramos ingratos con el hijo de Dios, sino porque teníamos mucho miedo de aceptar nuestra propia capacidad.

"Te crucificamos con miedo de transformarnos en dioses. Con el tiempo y con la tradición, volviste a ser apenas una divinidad distante y retornamos a nuestro destino de hombres.

"No hay ningún pecado en ser feliz. Media docena de ejercicios y un oído atento bastan para conseguir que un hombre realice sus sueños más imposibles.

"Por culpa de mi orgullo de la sabiduría, me hiciste recorrer el camino que todos podían andar y descubrir lo que todos ya saben, si han prestado un poco más de atención en la vida. Me hiciste ver que la búsqueda de la felicidad es personal, y no un modelo que podamos dar a los otros. Antes de descubrir mi espada, tuve que descubrir su secreto —tan sencillo— que sólo consistía en saber qué hacer con ella. Con ella y con la felicidad que me iba a acarrear.

"Caminé tantos kilómetros para descubrir cosas que ya sabía, que todos sabemos, pero que son difíciles de aceptar. ¿Existe algo más difícil para el hombre, Señor, que saberse capaz de obtener el Poder? Este dolor que siento ahora en mi corazón, y que me hace sollozar y con ello asustar al cordero, ha estado presente desde que el hombre existe. Pocos aceptaron el fardo de la propia victoria: la mayoría desistió de los sueños cuando se tornaron posibles. Rehusaron librar el Buen Combate porque no sabían qué hacer con la propia felicidad; estaban demasiado aferrados a las cosas del mundo. Así como yo, que quería encontrar mi espada sin saber qué hacer con ella.

Un dios dormido estaba despertando en mí y el dolor era cada vez más intenso. Sentía cerca la presencia de mi Maestre y por primera vez conseguí transformar mis sollozos en lágrimas. Lloré de gratitud por haberme hecho buscar mi espada a través del Camino de Santiago. Lloré de gratitud por Petrus, por haberme enseñado, sin decir nada, que yo lograría mis sueños si primero descubría qué deseaba hacer con ellos. Vi la cruz vacía y el cordero a sus pies, libre para pasear por donde quisiese entre aquellas montañas y ver nubes sobre su cabeza y sobre sus pies.

El cordero se levantó y lo seguí. Ya sabía a dónde me llevaba; a pesar de las nubes, el mundo era transparente para mí. Aunque no estuviera viendo la Vía Láctea en el cielo, tenía la certeza de que existía y mostraba a todos el Camino de Santiago. Seguí al cordero, que caminó con dirección a aquel caserío —también llamado Pedrafita de Cebreiro, como el monte—. Cierta vez allí había ocurrido un milagro, el milagro de transformar lo que usted hace en lo que usted cree. El secreto de mi espada y del Extraño Camino de Santiago.

Mientras bajaba la montaña, recordé la historia. Un campesino de un poblado cercano, subió a oír misa al Pedrafita de Cebreiro en un día de gran tempestad. Celebraba esta misa un monje casi sin fe, que despreció interiormente el sacrificio del campesino, pero en el momento de la consagración la hostia se transformó en la carne de Cristo y el vino, en su sangre. Las reliquias aún están allí, guardadas en aquella capillita, un tesoro mayor que toda la riqueza del Vaticano.

El cordero se detuvo un poco en la entrada del poblado —donde sólo hay una calle, que lleva hasta la iglesia—. En ese momento fui presa de un inmenso pavor y comencé a repetir sin cesar: "Señor, yo no soy digno de entrar en Tu Casa". Pero el cordero me miró y habló conmigo a través de sus ojos. Decía que olvidara para siempre mi indignidad, porque el Poder había renacido en mí, de la misma manera que podía renacer en todos los hombres que transformaran la vida en un Buen Combate.

Llegará un día —decían los ojos del cordero— en que el hombre volverá a sentir orgullo de sí mismo, y entonces toda la Naturaleza alabará el despertar del dios que en él dormía.

Mientras el cordero me miraba podía leer todo eso en sus ojos y ahora él era mi guía por el Camino de Santiago.

Por un momento todo se oscureció y comencé a ver escenas muy parecidas a las que había leído en el Apocalipsis: el Gran Cordero en su trono y los hombres purificando sus vestiduras y dejándolas limpias con la sangre del Cordero. Era el despertar del dios dormido en cada uno. Vi también algunos combates, periodos difíciles, catástrofes que sacudirían la Tierra en los próximos años, pero todo terminaba con la victoria del Cordero y con cada ser humano sobre la faz de la Tierra despertando su dios dormido, con todo su Poder.

Entonces me levanté y seguí al cordero hasta la capillita, construida por el campesino y por el monje que había comenzado a creer en lo que hacía. Nadie sabe quiénes fueron: dos lápidas sin nombre en el cementerio junto a la capilla marcan el sitio donde están enterrados sus huesos, pero es imposible saber cuál es la tumba del monje y cuál la del campesino, porque para que hubiese Milagro era necesario que las dos fuerzas libraran el Buen Combate.

La capilla estaba llena de luz cuando llegué a su puerta. Sí, yo era digno de entrar porque tenía una espada y sabía qué hacer con ella. No era el Portal del Perdón, porque ya había sido perdonado y purificado mis vestiduras en la sangre del Cordero. Ahora sólo quería las manos en mi espada y salir librando el Buen Combate.

En la pequeña construcción no había ninguna cruz. Allí, en el altar, estaban las reliquias del Milagro: el cáliz y la patena que había visto durante la danza, y un relicario de plata que contenía el cuerpo y la sangre de Jesús.

Volvía a creer en milagros y en las cosas imposibles que el hombre es capaz de conseguir en su vida diaria. Las altas cumbres que me rodeaban parecían decir que sólo estaban allí para desafiar al hombre, y que el hombre sólo existía para aceptar el honor de ese desafío.

El cordero desapareció entre los bancos y miré frente a mí. Ante el altar, sonriendo —y tal vez un poco aliviado—, estaba el Maestre con mi espada en la mano.

Me detuve y él se acercó; pasó junto a mí y salió del lugar. Lo seguí. Ante la capilla, mirando al cielo oscuro, desenvainó mi espada y pidió que sujetara la empuñadura junto con él. Apuntó la hoja hacia arriba y dijo el Salmo sagrado de los que viajan y luchan por vencer:

> "Caigan mil a tu lado y diez mil a tu derecha,
> tú no serás alcanzado.
> Ningún mal te ocurrirá, ninguna plaga llegará
> a tu tienda,
> pues a sus Ángeles dará órdenes para tu servicio,
> para que te guarden en todos tus Caminos."

Entonces me arrodillé y él tocó con el acero mis hombros mientras decía:

> "Pisarás al león y al áspid.
> Calzarás en los pies el leoncito y el dragón."

En el momento en que terminó de decir esto, comenzó a llover. Llovía y se fertilizaba la tierra, y aquella agua tornaría al cielo sólo después de que hubiese hecho germinar una semilla, crecer un árbol, abrir una flor. Llovía cada vez más fuerte y me quedé con la cabeza erguida, sintiendo por primera vez en todo el Camino de Santiago el agua que venía de los cielos.

Recordé los campos desiertos y estaba feliz porque aquella noche estaban siendo mojados. Recordé las piedras de León, los trigales de Navarra, la aridez de Castilla, los viñedos de La Rioja, que hoy estaban bebiendo el agua que bajaba en torrentes, trayendo la fuerza del que está en los cielos.

Recordé que había colocado una cruz en pie, pero que la tempestad habría de echarla por tierra nuevamente, para que otro peregrino pudiese aprender el Mandar y el Servir.

Pensé en la cascada, que ahora debía estar más fuerte con agua de lluvia, y en Foncebadón, donde había dejado tanto Poder para fertilizar nuevamente el suelo.

Pensé en tantas aguas que bebí en tantas fuentes y que ahora estaban siento devueltas.

Yo era digno de mi espada porque sabía qué hacer con ella.

El Maestre me entregó la espada y la tomé. Intenté buscar con los ojos al cordero, pero había desaparecido. Sin embargo, no tenía la menor importancia: el Agua Viva descendía de los cielos y hacía que la hoja de mi espada brillara.

Epílogo (Santiago de Compostela)

Desde la ventana de mi hotel puedo ver la catedral de Santiago y algunos turistas que están en su puerta principal.

Estudiantes con ropas medievales negras pasean entre la gente y los vendedores de *souvenirs* comienzan a montar sus puestos. Es muy temprano por la mañana y, excepto las anotaciones, estas líneas son las primeras que escribo acerca del Camino de Santiago.

Llegué hoy a la ciudad, después de tomar un autobús con corrida regular entre Pedrafita —cerca del Cebreiro— y Compostela. En cuatro horas recorrimos los 150 kilómetros que separaban a ambas ciudades y me acordé de la caminata con Petrus —a veces nos llevaba dos semanas recorrer esta misma distancia.

Dentro de poco saldré a dejar en el sepulcro de Santiago la imagen de Nuestra Señora de Aparecida montada en las veneras. Después, en cuanto sea posible, tomaré un avión de vuelta a Brasil, pues tengo mucho que hacer.

Recuerdo que Petrus dijo que había condensado toda su experiencia en un cuadro y por mi mente pasa la idea de escribir un libro sobre lo que pasé, pero esto aún es una idea remota y tengo mucho que hacer ahora que recuperé mi espada.

El secreto de mi espada es mío y jamás lo revelaré. Fue escrito en un papel y depositado debajo de una piedra, pero, con la lluvia que cayó, ese papel ya debe haberse destruido. Es mejor así. Petrus no necesitaba saberlo.

Pregunté al Maestre cómo sabía la fecha en que yo llegaría o si ya llevaba allí bastante tiempo. Se rió, dijo que había llegado la mañana anterior y que partiría al día siguiente, aun cuando yo no llegase.

Pregunté cómo era eso posible y no respondió nada, pero a la hora de despedirnos, cuando él ya estaba dentro del auto rentado que lo llevaría de vuelta a Madrid, me dio una pequeña encomienda de la Orden de Santiago de la Espada y dijo que ya había recibido una gran revelación, cuando miré en el fondo de los ojos del cordero.

Sin embargo, si me esforzaba como lo había hecho, tal vez un día conseguiría entender que las personas llegan siempre a la hora exacta a los lugares donde las están esperando.